Le quadrilatère wesleyen

Le quadrilatère wesleyen

Une introduction

Don Thorsen

Ressources ouvertes DTL pour l'éducation théologique mondiale

DTL

Library of Congress Cataloging-in-Publication Data
Données de catalogage avant publication de la
Bibliothèque du Congrès

Don Thorsen
[The Wesleyan Quadrilateral: An Introduction / Don
Thorsen]
Le quadrilatère wesleyen : une introduction / Don
Thorsen

168 + xii pp. cm. cm. 15.24 x 22.86
ISBN 979-8-89731-075-3 (Livre imprimé)
ISBN 979-8-89731-076-0 (Livre électronique)
ISBN 979-8-89731-077-7 (Kindle)
        1. Wesley, John, 1703-1791.
        2. Église méthodiste unie (États-Unis) –
        Doctrines – Histoire.
        3. Église méthodiste – Doctrines – Histoire.
BT82.7 .T56 2025d

*Ce livre est disponible en plusieurs langues sur
www.DTLPress.com*

Image de couverture: John Wesley prêchant sur la tombe de
son père (peinture à l'huile du XIXe siècle conservée à la
chapelle Wesley, à Londres).
Crédit photo: Équipe DTL

DTL

Dédicace

Je dédie ce livre aux chrétiens qui reconnaissent l'autorité religieuse primordiale des Écritures, mais comprennent en toute bonne conscience que celles-ci, passées et présentes, reposent sur un contexte plus large d'autorités religieuses authentiques, quoique secondaires par rapport aux Écritures, et que la tradition ecclésiale, la pensée critique et l'expérience pertinente doivent être intégrées aux croyances, valeurs et pratiques chrétiennes.

Sommaire

Préface originale

Le quadrilatère wesleyen, abréviation utilisée par les disciples de John Wesley pour résumer leur compréhension de l'autorité religieuse, demeure crucial pour la manière dont les chrétiens d'aujourd'hui comprennent et vivent l'Évangile de Jésus-Christ. La quadruple conception wesleyenne de l'autorité religieuse incluait l'Écriture, la tradition, la raison et l'expérience. Il considérait l'Écriture comme unique, inspirée, digne de confiance et comme l'autorité religieuse principale des croyances, des valeurs et des pratiques chrétiennes. De plus, Wesley faisait appel à la tradition, à la raison et à l'expérience comme des autorités religieuses authentiques, quoique secondaires, qui aidaient les chrétiens à contextualiser leur compréhension et leur application du christianisme biblique. Il était important pour Wesley d'examiner le contexte complet des données religieuses lorsqu'il étudiait les Écritures de manière inductive et déductive, ainsi que la tradition ecclésiale et l'expérience pertinente, y compris l'expérience spirituelle et physique, individuelle et collective.

Tous les chrétiens ne reconnaissent pas consciemment la nature contextuelle de leur compréhension et de leurs applications théologiques des Écritures. Par conséquent, cette introduction au Quadrilatère wesleyen vise, premièrement, à présenter la conception wesleyenne de l'autorité religieuse et de la méthode théologique. Deuxièmement, les chrétiens de toutes traditions ecclésiastiques sont censés aligner leurs croyances et leurs valeurs sur leurs pratiques, contextualisant ainsi leur christianisme sans s'en rendre compte.

En 1990, j'ai publié Le Quadrilatère wesleyen chez Zondervan, et Emeth Press le publie toujours. Cette introduction au Quadrilatère wesleyen est en grande partie une version abrégée de mon ouvrage précédent, avec des révisions. L'accent est donc mis sur une compréhension historique de la théologie de Wesley plutôt que sur la recherche contemporaine sur le sujet. La plupart des révisions de cet ouvrage concernent la structure, la nomenclature et l'ordre des chapitres, ainsi que l'ajout de questions de discussion à la fin de chaque chapitre. Si vous souhaitez approfondir votre étude du Quadrilatère wesleyen, vous pouvez lire mon ouvrage précédent, Le Quadrilatère wesleyen.

Je suis particulièrement reconnaissant à Larry Wood, qui m'a encouragé à écrire cette introduction. Larry a été mon mentor et mon ami depuis que j'étais son élève au Séminaire théologique d'Asbury.

Comme toujours, je suis reconnaissant à mes filles Liesl, Heidi et Dana Thorsen, ainsi qu'au mari d'Heidi, Will Oxford. Leur amour et leur soutien me soutiennent dans ma vocation d'écrire des livres qui encouragent les chrétiens à devenir plus compétents et plus efficaces dans la pratique du christianisme biblique, tant en paroles qu'en actes.

Préface de cette série et de ce livre

Cette Série

La mission de la Bibliothèque théologique numérique (Digital Theological Library, DTL) est d'aider chacun à s'engager dans une réflexion autocritique sur sa propre foi et dans un dialogue humble avec les personnes d'autres traditions. Notre collaboration avec les écoles de théologie des pays en développement a révélé un besoin évident de ressources théologiques en diverses langues.

Cette série vise à répondre à ce besoin profond. La DTL s'efforce de trouver des ouvrages reconnus dans les domaines des études bibliques, religieuses et théologiques afin de les rendre plus largement disponibles en traduction. Lorsque les circonstances le permettront, la BTN acquerra le droit de traduire ces ouvrages dans d'autres langues et les publiera dans cette série.

Les lecteurs avertis remarqueront qu'aucun traducteur n'est mentionné dans le générique de l'ouvrage. Il convient donc de souligner que cet ouvrage, comme tous les ouvrages traduits par la DTL, a été traduit, pour l'essentiel, par intelligence artificielle. Nous sommes convaincus que notre application de l'IA a produit une traduction digne du texte précédemment publié par l'auteur.

Il serait judicieux d'expliquer notre approche des citations et de la documentation. Dans la mesure du possible, nous avons traduit les citations du texte et les commentaires de l'auteur en notes de bas de page de la langue d'origine vers la langue cible. En revanche, nous n'avons généralement pas traduit les informations bibliographiques de la langue source vers la langue cible. La justification de ces décisions éditoriales était simple : nous souhaitions concilier le besoin des lecteurs de comprendre les arguments de l'auteur (nous traduisons donc généralement les citations) avec leur autre besoin de connaître la source des citations et des références. Ainsi, les citations du texte et les commentaires de l'auteur en notes sont généralement traduits, tandis que les références bibliographiques ne le sont pas. (Nous avons parfois dérogé à ces principes lorsqu'un auteur faisait référence à un texte connu et disponible en plusieurs langues. Dans ce cas, les titres sont parfois traduits.)

Ce Livre

La valeur durable de cet ouvrage réside dans son analyse mature, nuancée et pourtant accessible de la méthode théologique de John Wesley comme guide de réflexion théologique. Bien que John Wesley, fondateur du méthodisme au XVIIIe siècle, se soit déclaré "homme d'un seul livre," il était profondément conscient que l'Écriture était à la fois un produit de l'Église et un don de l'Église – un don qui nécessitait une interprétation. Fils d'un prêtre anglican instruit, d'une part, et d'une mère profondément piétiste, d'autre part, Wesley était profondément ancré dans l'anglicanisme de son époque et dans les pratiques et expériences du piétisme ("connaissance" et "piété vitale," comme Wesley les appelait). À partir de ces racines, Wesley a développé ce qui allait devenir le Quadrilatère wesleyen : l'Écriture interprétée par la raison, la tradition et l'expérience. Ce livre explore ce quadrilatère.

Nous tenons à remercier le Dr Don Thorsen et Emeth Press (détenteur initial des droits d'auteur de ce livre) pour leur générosité, qui nous a permis de publier ce précieux ouvrage dans d'autres langues (l'ouvrage original en anglais est toujours disponible auprès d'Emeth Press). Nous espérons sincèrement que cette nouvelle traduction trouvera un large public, où qu'il soit lu dans le monde.

Équipe de DTL

CHAPITRE 1
QU'EST-CE QUE LE QUADRILATÉRAL WESLEYEN?

Alors que John Wesley s'imposait comme l'un des principaux chefs de file du renouveau religieux en Angleterre au XVIIIe siècle, ses espoirs de renouveau spirituel dépassaient l'évangélisation et le discipulat. Il souhaitait allier ce qu'il appelait la "religion du cœur" à un solide ancrage théologique dans le christianisme scripturaire.

Bien qu'il ne se soit pas concentré sur l'étude et la rédaction systématiques de la théologie, Wesley a fait preuve d'une compréhension holistique de la foi chrétienne qui a surpassé son travail d'exégète biblique ou de théologien. Cette compréhension théologique s'appuyait sur l'approche méthodologique héritée des traditions anglicane et protestante continentale, ainsi que sur un esprit catholique cherchant à intégrer contextuellement une richesse d'idées sur le véritable christianisme. Cela ne s'est pas limité à un mélange éclectique de croyances diverses; Wesley a cherché à formuler des idées théologiques en accord avec les Écritures. Mais pour décrire la plénitude et la vitalité caractéristiques de la véritable religion scripturale, il a fait appel à la tradition ecclésiale, à la pensée critique et à l'expérience pertinente comme autorités religieuses complémentaires. Ces autorités, associées à l'autorité religieuse première des Écritures, ont contribué à une approche de la théologie qui reste pertinente pour les chrétiens d'aujourd'hui.

John Wesley en tant que théologien

La stature de Wesley en tant que théologien s'est accrue au fil du temps. Qu'est-ce qui incite les lecteurs contemporains à approfondir sa théologie? Nombreux sont ceux qui semblent impressionnés par la pertinence pratique de ses travaux théologiques.

Albert Outler, éditeur de l'édition savante des sermons de Wesley, le décrit comme un "théologien populaire"; cette description suggère une vision de Wesley comme "un théologien techniquement compétent avec un remarquable pouvoir de simplification créative".[1] D' autres soulignent la qualité théologique des écrits de Wesley. Par exemple, Randy Maddox plaide pour la reconsidération de Wesley en tant que théologien systématique.[2] D' autres encore citent les contributions de Wesley à des doctrines telles que la christologie, le salut et la sanctification.

Mildred Bangs Wynkoop propose une interprétation fascinante de Wesley dans *A Theology of Love*. Son approche créative identifie l'amour comme le thème herméneutique qui traverse l'œuvre de Wesley. Ce faisant, elle présente la théologie de Wesley d'une manière qui "s'adapte à la nouvelle compréhension de la nature par l'homme moderne et fournit un fondement au sens chrétien de la vie que tous les hommes recherchent, qu'ils sachent ou non ce qu'ils cherchent".[3] L'une des nombreuses contributions de Wynkoop à la recherche wesleyenne est la place importante qu'elle accorde à la méthodologie de Wesley.

Wesley n'a pas formulé de méthode théologique explicite. Il se souciait davantage de la pertinence et de l'applicabilité pratiques de la théologie que de sa théorie. Mais il n'était pas indifférent à la cohérence et à la cohérence dans la formulation des idées théologiques. Il acceptait l'Écriture seule (lat., *sola Scriptura*), qui soulignait son autorité ultime et était devenue le maître mot de l'approche protestante de la doctrine chrétienne au XVIe siècle. Il acceptait également l'esprit dans lequel les érudits anglicans abordaient la théologie au sein de l'Église d'Angleterre. Ils ne se souciaient pas d'élaborer des théologies systématiques; ils poursuivaient plutôt une méthode théologique capable d'intégrer diverses sources d'autorité religieuse dans un esprit de catholicité – un esprit d'accueil et d'inclusion de croyances, de valeurs et de pratiques disparates.

Dans le même esprit, la singularité de Wesley réside non pas dans une théologie systématique, mais dans une méthode théologique, c'est-à-dire le cadre dans lequel les questions théologiques sont posées et traitées. Le travail de synthèse du théologien tient davantage à la qualité de la méthode ou aux moyens d'aborder les questions religieuses qu'à la qualité du système ou au résultat final de la recherche théologique. Wesley reconnaissait certes la valeur de ces deux éléments pour les chrétiens, mais il attribuait une plus grande valeur à la méthode utilisée pour répondre aux besoins immédiats des personnes, tant à l'intérieur qu'à l'extérieur de l'Église. Wesley trouvait sa plénitude davantage dans le processus de la théologie que dans sa perception de son aboutissement.

Puisque Wesley n'a pas formellement articulé sa méthode théologique, nous devons la distiller à partir de ses écrits, et ses œuvres fournissent de nombreux indices sur la nature de son approche méthodologique. Dans la préface de ses œuvres complètes de 1771, Wesley écrit: "Dans cette édition, je présente à des hommes sérieux et sincères mes pensées les plus mûres et les plus récentes, conformes, je l'espère, à l'Écriture, à la raison et à l'antiquité chrétienne."[4] Wesley montre ici les influences protestantes et anglicanes continentales sur son approche de la théologie; il maintient notamment la primauté de l'autorité scripturale dans ses écrits en la citant toujours en premier. Mais ailleurs, Wesley mentionne l'expérience comme une véritable autorité religieuse qui doit être reconnue, au même titre que la tradition et la raison, comme un moyen de confirmer, d'éclairer et de vivifier les vérités de l'Écriture. Dans un exemple notable, Wesley l'inclut dans le titre de sa plus longue monographie théologique: *The Doctrine of Original Sin, according to Scripture, Reason, and Experience.*

On pourrait s'interroger sur l'inclusion par Wesley d'autre chose que l'Écriture comme véritable autorité religieuse. Mais ce n'était pas un problème pour Wesley, qui vivait dans le contexte de la théologie anglicane du XVIIIe siècle. Les anglicans faisaient depuis longtemps appel à la tradition et à la raison comme véritables autorités religieuses. Ces appels n'étaient pas en contradiction avec le principe de la *sola Scriptura* de la Réforme continentale. Les théologiens anglicans comprenaient que les Réformateurs avaient intégré l'expérience humaine, la raison et la tradition comme facteurs de leur méthode théologique. Les anglicans, Wesley y compris, considéraient leurs approches théologiques comme complémentaires de la *sola Scriptura*. L'Écriture demeurait la source principale de l'autorité religieuse, mais d'autres sources étaient spécifiquement citées comme nécessaires à la réflexion théologique – quoique secondaires et subordonnées à la primauté de l'Écriture inspirée.

Écriture, Tradition, Raison et Expérience

Wesley faisait rarement référence aux quatre sources d'autorité religieuse simultanément, mais lorsqu'il le faisait, c'était en lien avec une doctrine ou une idée théologique particulière. Par exemple, Wesley fait référence aux quatre sources dans une brochure intitulée "Les Principes d'un méthodiste", son premier écrit controversé en faveur du renouveau méthodiste. Wesley y défend sa doctrine de la sanctification:

> S'il y a quelque chose de non scripturaire dans ces paroles, quelque chose de sauvage ou d'extravagant, quelque chose de contraire à l'analogie de la foi ou à l'expérience des chrétiens adultes, qu'ils "me frappent amicalement et

me réprimandent"; qu'ils me fassent part de la lumière plus claire que Dieu leur a donnée.[5]

Ici, Wesley rejette toute croyance contraire aux Écritures ou à la raison, affirmant seulement ce qui est raisonnable à leur lumière. Les croyances, valeurs et pratiques "extravagantes" ne correspondaient pas à la compréhension que Wesley avait des Écritures, ni à la logique et à la pensée critique.

L'utilisation par Wesley de l'analogie de la foi implique son affirmation de la riche tradition chrétienne de tentatives d'interprétation et de compréhension des vérités scripturaires. Bien qu'il se soit principalement tourné vers l'Antiquité chrétienne, il n'hésitait pas à considérer de nombreuses autres sources de réflexion théologique. L'"analogie de la foi" (lat., *analogia fidei*) est un concept courant dans l'histoire de l'interprétation biblique. Elle présuppose une compréhension du sens théologique de l'Écriture, nécessaire au-delà de l'"analogie de l'Écriture" (lat., *analogia Scriptura*). (Cette dernière consiste à interpréter des passages obscurs, difficiles ou ambigus de l'Écriture en les comparant à des passages clairs et sans équivoque se référant au même enseignement ou événement.) Wesley affirmait que ces deux analogies étaient nécessaires à une juste compréhension des vérités chrétiennes.

Enfin, Wesley a fait appel à l'expérience des chrétiens remplis de l'Esprit, en particulier de ceux qui ont atteint un certain degré de maturité dans leur compréhension et leur engagement envers des questions aussi complexes que la doctrine de la sanctification. En faisant appel à l'expérience, Wesley a marqué un tournant subtil mais profond dans l'évolution historique de la méthode théologique. Son approche de la théologie ne cherchait pas à innover. Au contraire, il cherchait à se conformer à la tradition orthodoxe des croyances chrétiennes héritées de l'Église apostolique. Son recours à l'expérience reflétait donc une tentative explicite d'affirmer ce qui avait toujours été considéré comme faisant partie intégrante de la vie chrétienne. Pour maintenir en tension la nécessité d'une religion du cœur autant que de l'esprit, Wesley souhaitait reconnaître la dimension expérientielle de toute véritable religion scripturale. Il ne considérait pas cela comme une nouveauté ou une révolution. Mais cela marquait un changement de paradigme dans la manière dont les chrétiens comprennent et proclament consciemment le christianisme.

C'est là que réside l'un des atouts uniques de la méthode théologique de Wesley: la reconnaissance, la délimitation et l'application des autorités contextuelles de la tradition, de la raison et de l'expérience, en contribution et en corrélation avec l'autorité religieuse fondamentale de l'Écriture. Wesley y est parvenu en introduisant ses idées progressistes, notamment sur le rôle de l'expérience, dans le contexte des croyances chrétiennes orthodoxes – une tension que les théologiens ultérieurs ont moins bien réussi à maintenir.

Méthode expérimentale

Wesley abordait ainsi la théologie selon une perspective consciente et cohérente, utilisant ce qu'il qualifiait de méthode expérimentale. Cette méthode consistait en un recours judicieux au raisonnement inductif et déductif, ainsi qu'à l'investigation de preuves pertinentes en matière de religion. L'Écriture continuait de représenter l'autorité religieuse principale; toutes les autres étaient des autorités secondaires, quoique complémentaires, dans la recherche de la vérité religieuse. Ces autorités secondaires servaient à confirmer, évaluer et appliquer ce qui était trouvé dans l'Écriture. Wesley corrélait chaque élément dans une compréhension gestaltiste des vérités religieuses, rendant justice à la fois au contenu rationnel du christianisme et à la piété spirituelle et vitale, caractéristique d'une relation personnelle avec Dieu.

Pour atteindre ces objectifs, Wesley comprit qu'il lui fallait aller au-delà de la simple étude des Écritures. Ses recherches théologiques impliquèrent donc une recherche de faits pertinents pour la religion, découverts en dehors des Écritures. La synthèse wesleyienne possédant des propriétés difficiles à déduire de la somme de ses parties, il nous faut saisir les règles ou principes représentatifs de sa pensée. Il faut se rappeler que Wesley n'était pas un théologien systématique au sens habituel du terme. Bien qu'il cherchât à être cohérent et constant dans ses écrits théologiques, il suivait sans réserve le paradigme de la théologie anglicane, davantage préoccupée par l'esprit et la méthode d'approche des questions doctrinales et de théologie pratique. Par conséquent, il est logique d'articuler un paradigme théologique reflétant la modification apportée par Wesley (par l'ajout de l'expérience) au triple usage de l'Écriture, de la tradition et de la raison que l'on retrouve dans la théologie anglicane, elle-même fondée sur l'affirmation par la Réforme de la primauté de l'autorité scripturale.

Le quadrilatère wesleyen

Le quadrilatère wesleyen est un paradigme, ou un modèle, de la manière dont Wesley abordait la théologie. Wesley n'a ni inventé le terme ni utilisé; il représente une tentative moderne de résumer les quatre principes directeurs que Wesley a utilisés dans sa réflexion théologique. Albert Outler a fait référence au quadrilatère wesleyen pour la première fois à la fin des années 1960, alors qu'il siégeait à la commission sur la doctrine et les normes doctrinales de l'Église méthodiste unie. Outler a choisi d'utiliser le quadrilatère comme analogie avec le terme déjà familier utilisé par les Églises anglicanes et épiscopales, à savoir le "quadrilatère de Lambeth", qui articulait les fondements d'une Église chrétienne réunifiée.[6]

Le contenu du quadrilatère wesleyen diffère de celui du quadrilatère de Lambeth. Cependant, Outler a pensé que ce terme serait utile pour désigner l'interaction contextuelle entre les quatre autorités religieuses de la théologie wesleyenne. Dans cet ouvrage, le quadrilatère servira de modèle pour étudier la manière dont Wesley abordait la théologie, mettant en tension la primauté de l'autorité scripturale avec les autorités complémentaires de la tradition ecclésiale, de la pensée critique et de l'expérience pertinente.

Outler n'avait pas prévu que le quadrilatère soit utilisé comme une figure géométrique. De telles figures paraissent statiques et peuvent être dessinées de manière à déformer des points importants de la théologie wesleyenne. Outler a plutôt choisi d'utiliser le quadrilatère de manière métaphorique. Il a déclaré:

> Il s'agissait d'une métaphore du syndrome des quatre éléments, incluant les quatre principes d'autorité de la méthode théologique de Wesley. Dans cette quaternité, l'Écriture Sainte est clairement unique. Mais cela est à son tour éclairé par la sagesse chrétienne collective d'autres époques et cultures entre l'ère apostolique et la nôtre. Cela permet également de sauver l'Évangile de l'obscurantisme grâce aux disciplines de la raison critique. Mais toujours, la révélation biblique doit être accueillie dans le cœur par la foi: c'est l'exigence de "l'expérience".[7]

Malgré le risque de malentendu, le terme "quadrilatère" est devenu courant pour désigner Wesley, tant à l'intérieur qu'à l'extérieur des cercles wesleyens. Outler a publiquement regretté d'avoir inventé ce terme, car il a été largement mal interprété.[8] Mais ce terme est si populaire qu'il mérite un examen approfondi, même s'il ne constitue pas le seul modèle d'étude de la théologie de Wesley. D'autres modèles pourraient être utilisés, comme par exemple ceux de Wesley en tant que théologien pratique, œcuménique ou systématique, qui ont été utilisés par le passé. Mais pour étudier la qualité créative, contextuelle et vivifiante de la théologie de Wesley, le quadrilatère constitue le modèle le plus utile.

Il existe aujourd'hui un besoin d'un modèle théologique véritablement contextuel, prenant en compte l'importance interdépendante de tous les prétendants historiques à l'autorité religieuse – à savoir la tradition, la raison et l'expérience – par rapport à l'Écriture. L'accent mis par les Réformateurs sur la *sola Scriptura* a constitué un important contrepoids aux abus d'autorité ecclésiastique dans le catholicisme romain du XVIe siècle. Mais les Réformateurs eux-mêmes ont fait appel à bien plus que l'Écriture pour formuler leur théologie, reconnaissant la nécessité de présenter leurs croyances de manière raisonnée, reflétant les credo œcuméniques de l'Église patristique. Quoi qu'il en soit, les protestants ultérieurs ont considéré la *sola Scriptura* comme l'Écriture exclusivement, et non comme l'Écriture principalement. Une telle exclusivité ne parvenait pas à rendre compte de la complexité et de la sophistication des croyances, des valeurs et des pratiques chrétiennes. Les chrétiens de l'Église d'Angleterre ont constaté cette faiblesse et se sont efforcés de proposer une description plus réaliste et plus engageante du christianisme.

Les théologiens anglicans, comme Richard Hooker, cherchèrent à établir une voie médiane (lat., *via media*) entre les excès théologiques qu'ils percevaient dans le protestantisme continental et dans le catholicisme romain. Ils espéraient éviter les restrictions épiscopales du catholicisme romain et les catégories théologiques limitées du protestantisme, qu'ils considéraient comme un obstacle à une compréhension globale et essentielle du christianisme. En faisant explicitement appel à la tradition et à la raison, ainsi qu'à l'Écriture, pour établir l'autorité religieuse, les anglicans ne se considéraient pas comme particulièrement novateurs, mais estimaient au contraire avoir apporté une plus grande intégrité à leurs efforts théologiques et ministériels.

Utiliser le quadrilatère comme modèle nous permet de comprendre que Wesley partageait le même souci d'exhaustivité et de vitalité que ses ancêtres anglicans. Le quadrilatère nous permet de conserver une compréhension gestaltiste de l'approche théologique de Wesley sans chercher à définir une théologie systématique, ce que Wesley n'a, en pratique, jamais voulu ni souhaité.

Wesley était soucieux de l'implication concrète dans le ministère, et son œuvre théologique a été rédigée dans ce but. De même que l'apprentissage et le ministère ne se font pas de manière abstraite, Wesley abordait la théologie dans une optique d'application pour résoudre les problèmes. Qu'il s'agisse de doctrine ou d'opportunité ministérielle, Wesley s'efforçait de concilier tout ce qu'il jugeait pertinent pour les besoins immédiats. C'est pourquoi il a étroitement modelé sa théologie sur ce qu'il considérait comme la tradition la plus authentique de l'Église chrétienne, transmise par la Réforme protestante et l'Église d'Angleterre. L'intégration de l'expérience dans sa méthode théologique, même si elle n'a peut-être touché initialement qu'un petit groupe, a été une idée fondamentale qui continue d'être importante pour le développement historique de la théologie.

Questions de discussion

En quel sens considérez-vous les Écritures comme l'autorité religieuse principale pour décider des croyances, des valeurs et des pratiques chrétiennes? Même si vous affirmez quelle est en théorie votre autorité religieuse principale, est-elle primordiale pour vous en pratique?

Comment la tradition ecclésiale a-t-elle contribué à votre compréhension du christianisme? Comment la tradition passée vous influence-t-elle, et comment votre expérience ecclésiale actuelle vous influence-t-elle?

Comment la raison, ou la pensée critique, contribue-t-elle à vos croyances, valeurs et pratiques en tant que chrétien?

Dans quelle mesure l'expérience influence-t-elle votre compréhension du christianisme? Concrètement, comment votre contexte personnel influence-t-il vos croyances, vos valeurs et vos pratiques?

En quoi le quadrilatère wesleyen est-il utile pour exprimer votre compréhension du christianisme? Est-il utile pour toute prise de décision en tant que chrétien? En quoi le quadrilatère wesleyen pourrait-il être inutile?

La référence de Wesley à l'expérience comme autorité religieuse était-elle un ajout nécessaire à l'affirmation anglicane de l'Écriture, de la tradition et de la raison? En quoi la *sola Scriptura* est -elle utile, ou non, pour expliquer votre compréhension de l'autorité religieuse?

Notes

[1]Albert C. Outler, introduction, *Works* (Bicentennial ed.), 1:67. Cf. Albert C. Outler, "John Wesley: Folk Theologian," *Theology Today* 34, no. 2 (1977): 150– 60.

[2]Randy L. Maddox, "Responsible Grace: The Systematic Nature of Wesley's Theology Reconsidered," *Wesleyan Theological Journal* 19, no. 2 (1984): 7–22. Cf. H. Ray Dunning, "Systematic Theology in a Wesleyan Mode," *Wesleyan Theological Journal* 17, no. 1 (1982): 15–22; et les théologies systématiques wesleyennes développées par Richard Watson, *Theological Institutes*, 2 vols. (New York: Lane & Scott, 1851); William B. Pope, *Compendium of Christian Theology*, 3 vols., 2nd ed. (N.p.: Phillips & Hunt, 1880); and H. Orton Wiley, *Christian Theology*, 3 vols. (Kansas City: Beacon Hill, 1940).

[3]Mildred Bangs Wynkoop, *A Theology of Love* (Kansas City: Beacon Hill, 1972), 11.

[4]Preface to the third edition, §6, *Works* (Jackson ed.), l:iv.

[5]"Principles of a Methodist," §13, *Works* (Jackson ed.), 8:365.

[6]Wesleyen reflète un modèle analogique plutôt qu'une réplique. Un modèle analogique ne doit pas être compris comme une représentation précise des caractéristiques réelles modélisées.

[7]Albert C. Outler, "The Wesleyan Quadrilateral in John Wesley," *Wesleyan Theological Journal* 20, no. 1 (1985): 11.

[8]Outler, "The Wesleyan Quadrilateral in John Wesley," 16.

CHAPITRE 2
L'ESPRIT DE LA THÉOLOGIE DE WESLEY

John Wesley cherchait à unir la réalité dynamique et spirituelle de la vie en Jésus-Christ à une pensée analytique et critique rigoureuse. Se référant aux paroles de son frère Charles, John cherchait à "unir le couple si longtemps disjoint: la connaissance et la piété vitale; l'apprentissage et la sainteté réunis".[1] Pour mieux comprendre la théologie de Wesley, le lecteur doit se fonder sur des critères conformes à l'intention ou à l'esprit de ses écrits.

Français En prétendant dire "la vérité pure et simple pour des gens ordinaires", Wesley voulait simplement se qualifier de "chrétien biblique".[2] Déjà, lorsqu'il était étudiant à Oxford, Wesley se glorifiait de se qualifier d' *homo unius libri* — "l'homme d'un seul livre".[3] En faisant appel à "la loi et au Témoignage", Wesley affirmait: "C'est la méthode générale pour savoir ce qu'est la "volonté sainte et agréable de Dieu"".[4] Mais tout au long de ses écrits, il a fait appel à plus que l'Écriture; l'approche de Wesley présente une plus grande complexité.

Bien que Wesley se soit davantage concentré sur des intérêts pratiques et sotériologiques concernant la vie chrétienne, il écrivait avec l'intention d'être méthodique, ou du moins cohérent. En 1777, traitant de la perfection chrétienne, Wesley affirmait écrire avec pureté et simplicité d'intention, et que ses opinions n'avaient pas sensiblement évolué depuis plus de trente-huit ans.

Intégrer l'Écriture, la Tradition, la Raison et l'Expérience

Umphrey Lee remarque que la plupart des spécialistes de Wesley "ont trop facilement supposé que Wesley avait simplement rétabli la théologie orthodoxe et la lettre de la Bible comme infaillibilités chrétiennes, ou qu'il avait établi l'expérience chrétienne comme autorité finale".[5] Lee considère la question plus complexe car Wesley a reconnu "combien il est impossible d'intégrer les multiples faits de l'expérience humaine dans l'un des moules théologiques qui étaient à sa portée".[6]

L'observation de Lee nous amène au quadrilatère, qui sert dans ce livre de paradigme ou de modèle pour étudier la méthode théologique de Wesley et son utilisation des autorités religieuses, en particulier la relation entre l'Écriture, la tradition, la raison et l'expérience. Ce modèle s'avère utile pour distinguer les quatre autorités auxquelles Wesley a fait appel, à des degrés divers, dans son approche théologique.

En pratique, le terme "quadrilatère" a parfois faussé la compréhension wesleyenne de la méthode théologique et de l'autorité religieuse. La nature même du terme suggère une égalité géométrique, voire une homogénéisation, des quatre éléments. Bien qu'une conception géométrique n'ait pas été voulue par ceux qui ont inventé le terme, celui-ci a trop souvent conduit à penser que toutes les parties du quadrilatère wesleyen avaient la même valeur ou la même autorité en théologie. Au pire, il a donné lieu à une sorte de vote entre les quatre sources d'autorité, où deux ou plusieurs d'entre elles peuvent l'emporter sur l'autre, remettant potentiellement en cause l'autorité première des Écritures.

Bien sûr, Wesley n'a jamais eu l'intention que cela se produise. Pour lui, l'Écriture a toujours représenté l'autorité religieuse principale. Wesley croyait que la tradition, avec un discernement approprié, renforce la vérité de l'Écriture, tout comme la raison et l'expérience. Si l'on insiste sur le choix d'une figure géométrique comme paradigme pour Wesley, un tétraèdre – une pyramide tétraédrique – serait plus approprié qu'un carré équilatéral. L'Écriture servirait de fondement principal à la pyramide, dont les trois côtés, la tradition, la raison et l'expérience, seraient des autorités religieuses complémentaires, mais non principales.

L'une des explications les plus créatives du quadrilatère wesleyen se trouve dans les écrits de Richard Lovelace. Lovelace, presbytérien, soutient que Wesley, comme les réformateurs continentaux, a préservé l'équilibre entre les quatre sources de vérité qui façonnent la qualité de notre foi. Il a déclaré:

Il est utile d'analyser notre situation actuelle en utilisant ce que l'on appelle "le quadrilatère wesleyen".

Imaginez un terrain de baseball. Le marbre est l'Écriture. Le premier but est la tradition. Le deuxième but est la raison et le troisième but est l'expérience.

Aucun mouvement moderne n'a le courage radical de suivre l'Écriture là où elle mène, tempéré par les correctifs délicats de la connaissance traditionnelle, de la raison et de l'expérience, dont ont fait preuve les Réformateurs et John Wesley.[7]

Il faut sans doute commencer la réflexion théologique par le point de départ: l'Écriture. Mais pour "marquer un point", pour ainsi dire, il faut croiser (analyser, contextualiser, synthétiser) les fondements de la tradition, de la raison et de l'expérience avant de revenir à l'Écriture, point de départ et d'aboutissement de la réflexion théologique.

Cependant, tout modèle finit par s'effondrer face à de telles questions. On pourrait facilement renverser la pyramide et diminuer l'autorité des Écritures, ou peut-être la renverser sur un côté, la raison ou l'expérience servant de fondement. De même, le paradigme du terrain de baseball de Lovelace pourrait être déformé. L'important est de se rappeler la primauté accordée par Wesley aux Écritures; d'autres autorités religieuses l'ont complétée, sans jamais la surpasser. Wesley a pu croire tout cela parce qu'il n'a jamais espéré que la tradition, la raison ou l'expérience réfuteraient les Écritures de manière substantielle. Ainsi, pour comprendre le quadrilatère wesleyen, en relation avec Wesley et son précurseur dans la théologie anglicane, nous devons le comprendre historiquement et théologiquement, et non géométriquement. Malgré les tentations d'agir autrement, nous devons concevoir le quadrilatère wesleyen de manière métaphorique et dynamique, plutôt que littérale et statique.

Les tentatives d'élaborer un modèle géométrique ou une analogie pour l'utilisation que Wesley faisait de l'Écriture, de la tradition, de la raison et de l'expérience contredisent son approche théologique. Wesley avait une approche plus organique, contextuelle et pratique. L'Écriture demeurait primordiale dans son autorité religieuse, mais Wesley s'attendait à ce qu'au moins la raison et l'expérience soutiennent et éclairent aisément les vérités scripturaires. Il n'était pas nécessaire d'articuler une relation hiérarchique précise entre les différentes sources d'autorité, car Wesley ne s'attendait pas à ce qu'elles se contredisent et se nuisent mutuellement.

Lorsque je souhaite illustrer le quadrilatère, une analogie organique communiquerait mieux le caractère contextuel et intégrateur de la méthode théologique de Wesley.[8] Une analogie avec le corps humain conviendrait peut-être. Comme Paul décrit l'Église comme le "corps du Christ",[9] l'Écriture, la tradition, la raison et l'expérience fonctionnent comme un tout organique, interagissant de manière interdépendante et dynamique les unes avec les autres. L'Écriture peut servir de tête, ou nous pouvons parler de Jésus-Christ comme de tête, et de l'Écriture comme de la révélation spéciale de Dieu. Mais nous ne devrions pas parler d'une seule partie du corps sans les autres: l'Écriture, la tradition, la raison et l'expérience. Les différentes parties sont interdépendantes pour vivre une vie saine et productive, pour la vie chrétienne comme pour la réflexion théologique.

Caractère pratique de la théologie de Wesley

Dans les écrits de Wesley, on retrouve un souci constant de répondre aux besoins spirituels des gens et aux aspects pratiques de leurs besoins personnels et sociaux. Concernant les premiers, Wesley s'efforçait de proclamer le message de l'Évangile et de nourrir spirituellement les croyants. Son expérience lui a révélé que les besoins spirituels étaient considérables. Il a également constaté que les besoins pratiques touchaient tous les aspects de la vie personnelle et sociale; Wesley s'est efforcé d'y répondre avec compassion et engagement.

Un cadre personnel de théologie.

Comme nous l'avons vu, Wesley se souciait vivement que les chrétiens ne succombent pas à une religion purement formelle et scolastique. La théologie devait favoriser, plutôt qu'entraver, la vivacité avec laquelle le Saint-Esprit inspire et guide les croyants, individuellement et collectivement. Ainsi, Wesley interprétait l'Écriture dans une perspective personnelle. Autrement dit, il se souciait des individus, de leur relation avec Dieu et de leur vie sainte, animée par l'amour. La vraie religion ne devait jamais être seulement formelle ou extérieure.

L'élément le plus important de la conception personnalisée et participative de la religion du cœur de Wesley est l'accent mis sur l'amour – l'amour divin dans le cœur humain qui se manifeste par l'amour pour Dieu et pour son prochain. Wesley considérait cette insistance sur l'amour comme "la voie par excellence", un renouveau de la promotion de l'amour par Jésus-Christ et le christianisme primitif.[10] Il croyait que l'Église de Rome, sous l'influence du pape, était trop scolastique et avait "une tendance naturelle à entraver, voire à détruire complètement, l'amour de Dieu... [et] l'amour du prochain".[11] De plus, la Réforme protestante, notamment sous l'influence de la doctrine de la prédestination de Calvin, a minimisé la centralité de l'amour en insistant fortement sur une conception déterministe (plutôt qu'amoureuse) de la souveraineté, de la providence et de l'élection de Dieu. Rejetant ces approches de la religion comme formalistes et donc contraires à l'idée de l'amour comme message central de l'Évangile, Mildred Bangs Wynkoop observe que Wesley prônait l'amour "comme un facteur unificateur dans la théologie et un facteur humanisant dans la vie".[12]

Compétences en organisation et en discipline.
Wesley a déployé dans ses activités personnelles, théologiques et ecclésiastiques une énergie et un sens de l'organisation considérables pour instaurer la discipline religieuse. Certains considèrent ses compétences organisationnelles et sa discipline religieuse comme l'une de ses plus grandes contributions à l'Église chrétienne, notamment en termes de développement de réseaux de réunions en petits groupes. Colin Williams qualifie ces groupes d'"*ecclesiolae in ecclesia,* de petits groupes volontaires de croyants vivant sous la Parole et cherchant la vie sous la discipline".[13] Ces réunions visaient à la fois à aider les croyants désireux d'une éducation chrétienne plus poussée que celle offerte par la fréquentation dominicale, et à renouveler l'Église elle-même. Bien que les normes privées et publiques établies par Wesley aient souvent été rigoureuses, elles ont généralement atteint leur objectif: promouvoir une véritable croissance religieuse chez les individus, au sein de l'Église et dans le ministère auprès des personnes extérieures aux Églises.
Tout comme Wesley était méthodique dans la promotion d'une vie sainte, il l'était aussi dans sa compréhension théologique et ses écrits. Wesley fut le principal architecte du mouvement méthodiste. Le méthodisme s'appuyait sur de volumineuses publications de

sermons, de comptes rendus de conférences, de journaux et d'autres traités de Wesley, qui ont soutenu pendant des siècles le méthodisme et ses ramifications ecclésiastiques.

Expression contemporaine des croyances.
    Wesley cherchait à prêcher et à enseigner d'une manière facilement compréhensible par le commun des mortels. Dans la préface de Sermons à plusieurs occasions, il exprimait clairement son intention de dire la vérité simple à des gens simples, c'est-à-dire d'une manière compréhensible par tous. Wesley disait:

> J'écris maintenant (comme je le dis généralement) *ad populum* – à la masse de l'humanité – à ceux qui n'aiment ni ne comprennent l'art de parler, mais qui sont néanmoins des juges compétents des vérités nécessaires au bonheur présent et futur. Je mentionne cela afin que les lecteurs curieux s'épargnent la peine de chercher ce qu'ils ne trouveront pas.[14]

    Bien que Wesley s'efforçât d'utiliser des termes simples, il ne parlait pas de manière simpliste et n'ignorait pas la complexité du monde. Au contraire, il lisait avec avidité et encourageait ses assistants méthodistes à faire de même afin qu'ils deviennent des communicateurs plus efficaces de l'Évangile.
    Wesley a édité la Bibliothèque chrétienne en cinquante volumes afin d'élargir les connaissances du chrétien moyen, notamment en matière de théologie pratique. De tels efforts de la part de Wesley révèlent sa volonté de s'adresser à une société diversifiée, pas nécessairement familière avec les concepts fondamentaux de la foi et de la pratique chrétiennes. Wesley évoluait facilement parmi toutes sortes de personnes, communiquant efficacement avec elles et répondant à leurs besoins.

Préoccupations holistiques et sociales.

Les écrits de Wesley sont imprégnés du souci de répondre à des besoins spirituels et pratiques. Spirituellement, Wesley cherchait à proclamer le message de l'Évangile et à nourrir ceux qui croient. Pour ce faire, il était prêt à prendre en compte l'expérience pour décider d'une ligne de conduite, même lorsqu'une telle ligne de conduite n'est pas explicitement justifiée par les Écritures ou la tradition de l'Église. La méthode théologique de Wesley a influencé la façon dont il l'appliquait à la vie, et sa connaissance de ces applications (ou des expériences connexes) a, à l'inverse, influencé sa théologie. Il était donc prêt à expérimenter des pratiques peu orthodoxes telles que la prédication en plein air, les réunions prolongées en petits groupes en milieu de semaine, la nomination de prédicateurs laïcs et la permission donnée aux femmes de servir comme prédicateurs laïcs auprès des hommes comme des femmes.

L'attention que Wesley portait aux gens dépassait le cadre de leur bien-être spirituel. À son époque, il fut un pionnier dans la lutte contre les maux sociaux de l'Angleterre du XVIIIe siècle. Wesley y parvint par sa compassion et par sa défense des droits des personnes. Son souci des âmes s'étendait à la personne dans sa globalité, en particulier aux pauvres, aux personnes sans instruction, aux malades et aux démunis, comme les esclaves et les prisonniers.

Les pauvres ont bénéficié d'une attention particulière.

C'est vers eux que Wesley a orienté son action évangélique et son activisme social. Par exemple, il a fourni des soins médicaux de base et rédigé des manuels médicaux simples pour aider ceux qui n'avaient pas les moyens de recourir à des soins professionnels. Il a fondé ce qui allait devenir la "Maison des Pauvres" pour les personnes, comme les veuves, qui ne pouvaient subvenir à leurs besoins. Wesley a également ouvert un orphelinat.[15] Il s'est donné pour mission d'éduquer ceux qui n'avaient pas les moyens de s'instruire, par exemple à l'école Kingswood. Wesley a également créé un fonds de prêt bénévole pour les personnes ayant des besoins financiers immédiats, la seule condition étant qu'elles remboursent le prêt dans un délai de trois mois.

Wesley prêchait ce qu'il pratiquait.

De nombreux sermons visaient à enseigner aux méthodistes comment gérer leur argent, à la fois pour soutenir le travail du ministère et pour répondre aux besoins des pauvres. Son sermon le plus célèbre, consacré à l'argent, s'intitule "L'utilisation de l'argent". Wesley y exhortait les chrétiens à gagner, épargner et donner tout ce qu'ils pouvaient.[16] Wesley découvrit rapidement que ses disciples méthodistes maîtrisaient les deux premiers principes, mais ignoraient le troisième, celui contre l'accumulation excessive, qu'il considérait comme le péché majeur de la pratique chrétienne. Il était si préoccupé par le mauvais usage de l'argent et les injustices qui en découlaient envers les pauvres qu'il publia plusieurs sermons mettant spécifiquement en garde contre le danger spirituel (pour l'accumulateur) et le danger social (pour le bénéficiaire potentiel) d'une mauvaise répartition des richesses. Outler reconnaît à juste titre que les sermons de Wesley étaient:

> En net contraste avec l'idée, défendue par les puritains, mais approuvée par d'autres, selon laquelle la richesse honnêtement gagnée est un signe et une mesure de la faveur divine. Il est intéressant de noter que le radicalisme économique de Wesley sur ce point a été ignoré, non seulement par la plupart des méthodistes, mais aussi par les historiens de l'économie.[17]

Certains pourraient considérer que la prédication et l'enseignement de Wesley sur la responsabilité sociale se concentraient sur la transformation de la société par le renouveau spirituel des individus, plutôt que sur sa transformation sociale ou institutionnelle. Wesley a vécu à une époque où la conscience sociale partagée par les chrétiens contemporains était sous-développée; il ne faut donc pas s'attendre à ce qu'il fasse preuve de la sensibilité et de la pratique théologiques recherchées par les chrétiens militants d'aujourd'hui. Mais par son engagement social et économique, Wesley a posé le cadre conceptuel de l'engagement politique ultérieur des méthodistes et des représentants du Mouvement de la sainteté, par exemple l'Armée du Salut. Vivian Green écrit que "le radicalisme religieux de Wesley a servi de sage-femme à la réforme politique".[18] Williams voit dans le soutien abolitionniste de Wesley à William Wilberforce la conviction que "Dieu fixe des temps (*kairoi*) où l'obéissance totale de ses disciples et des dirigeants qu'il a désignés est requise".[19]

Wesley a anticipé la nécessité pour les chrétiens de ne pas se contenter de mettre l'accent sur les ministères de compassion en faveur des pauvres. Ils doivent également plaider pour la correction des causes de la pauvreté et de l'injustice, afin que des pratiques sociales et institutionnelles injustes continuent d'opprimer les individus et les collectivités.

Questions de discussion

Dans quelle mesure est-il important pour les chrétiens d'être cohérents dans leur théologie? En quoi une théologie systématique peut-elle être utile, ou non, pour décrire le christianisme?

Comment comprenez-vous la relation entre l'Écriture, la tradition, la raison et l'expérience? Pouvez-vous imaginer une image (un schéma, une image) qui vous aide à comprendre leur interrelation? En quoi les images sont-elles utiles, ou inutiles, pour décrire une approche théologique?

Quelle importance accorde-t-on à la dimension expérientielle (ou expérimentale) du christianisme? Dans quelle mesure être chrétien relève-t-il davantage d'un cheminement de découverte que d'un ensemble de doctrines théologiques?

Quelle est l'importance des groupes chrétiens pour aider les individus à devenir chrétiens? Par exemple, quelle est l'importance d'une fréquentation régulière de l'église? Quelle est l'importance de la participation à de petits groupes de responsabilisation pour le discipulat chrétien?

Pourquoi les chrétiens doivent-ils être prudents dans la manière dont ils communiquent leurs croyances, leurs valeurs et leurs pratiques? Comment communiquer plus efficacement le christianisme aujourd'hui à la famille, aux amis et aux voisins, tant au niveau local qu'international?

Dans quelle mesure est-il important pour les chrétiens de faire preuve de compassion envers les personnes pauvres ou socialement défavorisées? Dans quelle mesure est-il important pour les chrétiens de défendre ceux qui souffrent injustement de diverses formes de marginalisation, de discrimination et de persécution?

Notes

[1]Charles Wesley, "A Collection of Hymns for the use of the People called Methodists, 1780," Hymn 461, 1.5, *Works* (Oxford ed.), 7:644.

[2]Preface, §3, "Sermons on Several Occasions," *Works* (Bicentennial ed.), 1:104, and "On God's Vineyard" (1787, sermon 107), I.1, *Works* (Bicentennial ed.), 3:504.

[3]Preface, §5, "Sermons on Several Occasions," *Works* (Bicentennial ed.), 1:105. Cf. "On God's Vineyard" (1787, sermon 107), 1.1, *Works* (Bicentennial ed.), 3:504, and "A Plain Account of Christian Perfection," §S, *Works* (Jackson ed.), 11:367.

[4]"The Nature of Enthusiasm" (1750, sermon 37), §22, *Works* (Bicentennial ed.), 2:54.

[5]Umphrey Lee, *John Wesley and Modern Religion* (Nashville: Cokesbury, 1936), 143.

[6]Lee, *John Wesley and Modern Religion*, 143.

[7]Richard Lovelace, "Recovering Our Balance,' *Charisma* (August 1987): 80.

[8.]Je me permettrai ici de faire une digression et de présenter un modèle organique du quadrilatère wesleyen. Une telle démarche ne doit pas être comprise comme une tentative historique d'expliquer la méthode théologique de Wesley. Il faut plutôt la considérer comme un exercice de libre association concernant l'utilisation que Wesley fait de l'Écriture, de la tradition, de la raison et de l'expérience.

Dans le sermon "Qu'est-ce que l'homme? Psaume 8:4", Wesley parle de l'humanité en termes de (1) corps, semblable à un mécanisme composé de divers éléments; (2) âme, capable de penser et de ressentir; (3) liberté, qui représente notre capacité particulière à choisir; et (4) fin ou but de la vie – ce que nous sommes "le plus soucieux de connaître et de considérer profondément". Voir "What Is Man? Psalm 8:4" (1788, sermon 116), *Works* (Bicentennial ed.), 4:20–27.

On peut imaginer que le corps est analogue à l'expérience, puisqu'il est composé de divers éléments sensibles. L'âme est analogue à la raison, qui ne peut pleinement comprendre ni les mouvements ni la finalité du corps. La liberté est analogue à la tradition, car celle-ci réfléchit intentionnellement sur l'histoire de l'âme et du corps, individuellement et collectivement. La fin ou le but de la vie est analogue à l'Écriture, puisque seule l'Écriture nous parle de notre unique fin: préparer l'éternité, qui a déjà commencé parmi les croyants, ici et maintenant. Bien sûr, Wesley croyait que la véritable tâche de la théologie est mue par l'"Esprit Tout-Puissant", source ultime de tout mouvement, pensée, sentiment et choix dans l'univers.

Pris ensemble, le corps, l'âme, la liberté et la fin de l'humanité pourraient servir d'analogie organique (plutôt que l'analogie historique d'une forteresse ou l'analogie mathématique moderne) pour illustrer l'interaction entre l'Écriture, la tradition, la raison et l'expérience. L'analogie du corps est plus holistique, interactive et interdépendante. Elle évite la nature statique d'autres analogies avec une forteresse ou des images géométriques (par exemple, les carrés, les trapèzes, les pyramides, les cercles concentriques, etc.).

Rappelons que cette tentative organique de décrire le quadrilatère wesleyen ne vise qu'à théoriser et appliquer la relation contextuelle entre Écriture, tradition, raison et expérience. Or, les analogies organiques sont plus dynamiques (intégratives, interdépendantes) que les analogies plus statiques que l'on trouve en histoire, en mathématiques ou dans d'autres représentations du quadrilatère wesleyen, par exemple, et que l'on peut observer sur Internet.

[9]Voir Romains 12:4-5; 1 Corinthiens 12:12-31; et Éphésiens 4:14-16.

[10]Outler remarque que Wesley partageait l'avis de Guillaume de Saint-Thierry selon lequel l'amour est le chemin

le plus sûr vers la vérité et le but suprême de la pensée. Voir le commentaire introductif d'Outler à "Catholic Spirit" (1759, sermon 39), *Works* (Bicentennial ed.), 2:79.

[11]"Popery Calmly Considered," IV.10, *Works* (Jackson ed.), 10:155–56.

[12]Mildred Bangs Wynkoop, *A Theology of Love* (Kansas City: Beacon Hill, 1972), 19.

[13]Colin Williams, *John Wesley's Theology Today* (New York: Abingdon, 1960), 149.

[14]Preface, §2, "Sermons on Several Occasions," *Works* (Bicentennial ed.), 1:103–4.

[15]See "A Plain Account of the People Called Methodists," XIII–XIV, *Works* (Jackson ed.), 8:265–6.

[16]See "The Use of Money" (1760, sermon 50), *Works* (Bicentennial ed.), 2:263–80.

[17]See Outler, introductory comment, "The Danger of Riches" (1781, sermon 87), *Works* (Bicentennial ed.), 3:228.

[18]Vivian H. H. Green, *John Wesley* (London: Nelson, 1964), 158.

[19]Williams, *John Wesley's Theology Today*, 197n13.

CHAPITRE 3
LA MÉTHODE THÉOLOGIQUE DE WESLEY

Le terme méthode dérive du grec *methodos* (*meta*, "après", et *hodos*, "chemin" ou "voie"). Une méthode est une procédure ou un principe utilisé dans toute discipline organisée ou pour en organiser une. L'étude des méthodes, ou méthodologie (*methodos* plus *logos*, "l'étude de"), décrit comment nous acquérons des connaissances sur quelque chose. En philosophie, la méthodologie "s'applique à la fois au processus ou à l'art de l'investigation et au traité ou corpus de connaissances résultant de cette investigation".[1] En théologie, la méthodologie se rapporte à "l'exploration des conditions dans lesquelles les affirmations théologiques peuvent être vraies" et, plus généralement, "elle désigne un ensemble de décisions que tout théologien chrétien doit prendre dans le cadre de sa pratique théologique".[2]

La plupart des gens suivent certaines étapes régulières ou méthodiques pour réfléchir et exprimer leurs croyances. En revanche, nous ne réfléchissons généralement pas à ces étapes. Nous nous préoccupons davantage de trouver des solutions à des problèmes immédiats. Mais lorsque nous réfléchissons à la manière dont nous parvenons à une solution particulière, nous soulevons la question de la méthode. JJ Mueller dit: "La méthode reflète ensuite la réflexion."[3] Tous les chrétiens – et pas seulement les théologiens de formation – réfléchissent méthodologiquement à leurs croyances, bien que chacun puisse le faire avec plus ou moins de conscience de soi et de précision logique. La tâche de la méthode théologique, ou méthodologie, consiste à expliciter les étapes, à les évaluer et à les formuler de manière à rendre la croyance chrétienne aussi raisonnable et convaincante que possible.

Pour promouvoir le renouveau méthodiste, Wesley considérait essentiel de présenter le message chrétien du salut et de la sainteté de cette manière. Cela impliquait des méthodes à la fois pratiques et théologiques, bien que Wesley ait écrit plus explicitement sur la première que sur la seconde. Le terme "méthodiste" ne fait pas référence à la méthode théologique, mais aux méthodes pratiques – organisation de petits groupes et encouragement à l'autodiscipline spirituelle – que Wesley et ses collègues utilisaient en matière d'évangélisation et de formation spirituelle.[4]

Wesley prétendait avoir présenté ses principales doctrines théologiques avec cohérence tout au long de sa vie et de son ministère. Cette affirmation suppose une approche consciente de la formulation de la théologie. Bien que Wesley n'ait peut-être pas pleinement articulé sa méthode théologique, nous soulevons la question de la méthode et réfléchissons à la manière dont il a trouvé les réponses théologiques aux problèmes immédiats auxquels il était confronté. Cependant, il nous faut d'abord comprendre le développement historique de la méthode théologique et comment ce processus a fourni à Wesley les sources nécessaires à l'élaboration de sa propre approche.

Un aperçu des méthodologies théologiques

Commençons par évoquer brièvement le développement historique de la méthode théologique et la manière dont ce processus a fourni à Wesley les outils intellectuels nécessaires à l'élaboration de sa propre approche. Retracer l'évolution de la méthode théologique chrétienne n'est pas chose aisée, et toute tentative de synthèse comporte le risque d'une simplification excessive ou d'une représentation erronée de théologiens ou de traditions théologiques. Pourtant, il est essentiel de tenter une telle démarche afin de replacer Wesley dans un contexte historique et culturel approprié et de déterminer ses sources.

Dans cette étude, nous nous intéresserons davantage aux développements proches de l'époque de Wesley qu'à la pensée antique, et plus aux questions d'autorité religieuse qu'à celles d'interprétation biblique. Les principes d' interprétation sont importants pour comprendre Wesley, mais nous nous limiterons ici à une compréhension plus générale de la manière dont les théologiens ou les traditions théologiques concevaient l'autorité religieuse et l'utilisaient pour réfléchir et formuler la théologie.

L'Église primitive à l'époque médiévale

L'Église primitive a progressivement développé des positions théologiques en réponse aux défis conceptuels posés par le paganisme, les hérésies et autres menaces doctrinales internes. Les chrétiens ont d'abord répondu à ces défis par des écrits apologétiques. Les apologistes chrétiens les plus largement acceptés au sein de l'Église primitive ont affirmé l'autorité des Écritures et de l'Église (et de ses dirigeants) pour défendre la foi.

Les premiers conciles œcuméniques furent appelés à examiner des questions doctrinales d'importance immédiate pour la stabilité de l'Église. Même alors, les tentatives de systématisation philosophique et théologique ne surgirent pas immédiatement. Progressivement, après l'établissement du canon scripturaire, l'Écriture servit de base matérielle à l'établissement de la doctrine de l'Église, et l'exégèse patristique se soumit à l'Écriture. L'Église, ses dirigeants et les conciles œcuméniques continuèrent cependant d'être les gardiens et les interprètes autorisés de l'Écriture. Le concile de Chalcédoine, par exemple, affirma clairement "la foi infaillible des Pères" en présentant la foi catholique et apostolique dans les credo et autres déclarations conciliaires.[5]

La combinaison de l'autorité scripturale et ecclésiastique s'est avérée efficace pour répondre aux besoins doctrinaux durant le premier millénaire du christianisme, et elle est restée méthodologiquement importante pour la théologie même après le Grand Schisme du XIe siècle entre chrétiens d'Orient et d'Occident. Les Églises orthodoxe et catholique romaine ont toutes deux affirmé l'approche théologique contenue dans les anciens credo chrétiens.

La Réforme protestante

La Réforme protestante, notamment celle menée par Martin Luther, a réagi contre les abus de l'autorité ecclésiastique au sein de l'Église catholique romaine. Luther a appliqué une méthode théologique cohérente, fondée sur la *sola Scriptura,* pour contrer ces abus. Il a déclaré:

> En cela, je suis l'exemple de saint Augustin, qui fut, entre autres choses, le premier et presque le seul à vouloir se soumettre aux seules Saintes Écritures, et indépendamment des livres de tous les pères et de tous les saints.[6]

L'Écriture était considérée comme la seule règle de foi et de pratique suffisante et divinement inspirée. La tradition de l'Église n'était plus considérée comme une autorité fiable, mais plutôt comme une atteinte à la révélation particulière de l'Écriture.

Jean Calvin a soutenu le fondement théologique de la *sola Scriptura* en construisant un système théologique fondé sur la gloire transcendante et la souveraineté de Dieu. En ce sens, Calvin se différenciait de Luther, qui ne cherchait pas à présenter les croyances chrétiennes comme un tout conceptuellement rationnel et systématique. Calvin ne considérait pas non plus la Réforme comme une opposition totale aux "écrivains anciens d'une époque meilleure de l'Église",[7] mais il insistait néanmoins sur l'autorité exclusive de l'Écriture. Malgré la méfiance des Réformateurs envers l'Église catholique romaine et l'usage de la raison par les scolastiques catholiques, la théologie protestante a préservé de nombreux principes de construction théologique de la période scolastique catholique.

La Réforme anglaise

La Réforme protestante en Angleterre adopta une approche théologique radicalement différente de celle des Réformateurs continentaux ou de l'Église catholique romaine. L'Église d'Angleterre fut confrontée à des controverses religieuses en tentant de déterminer quelles traditions théologiques et quelles autorités religieuses devaient prévaloir. Sous la direction de Thomas Cranmer, John Jewel, Richard Hooker et d'autres, l'Église anglicane construisit intentionnellement une voie de communication théologique entre le protestantisme et le catholicisme. Malgré des similitudes avec les Réformateurs continentaux, les premiers théologiens anglicans résistèrent aux tentatives calvinistes d'imposer à l'Église d'Angleterre une approche exclusive de l'autorité scripturale ainsi qu'un régime presbytérien.

Suivant cette voie médiane tout au long du XVIIe siècle, les anglicans se considéraient parfois comme une force œcuménique au sein du monde chrétien, unifiant des approches théologiques disparates. Ce que les anglicans percevaient comme inadéquat dans la méthode théologique du protestantisme continental était son approche étroite du principe de *sola Scriptura*. Ils rejetaient tout autoritarisme scripturaire nourri par une herméneutique exclusive et littéraliste. Hooker faisait écho à l'héritage catholique romain de la tradition anglicane en affirmant que l'univers est ordonné par des principes rationnels que la raison peut discerner sans l'aide des Écritures. Ainsi, Hooker concevait la raison comme offrant un degré de liberté et d'autorité dans la connaissance de la vérité, que les anglicans reconnaissaient comme faisant autorité sur le plan religieux.

L'anglicanisme a ainsi développé une approche méthodologique de la théologie puisant aux meilleures sources de la doctrine chrétienne, incluant les traditions catholique romaine et protestante. Cette approche intégrative a affirmé l'autorité religieuse de la raison, de l'Écriture et du meilleur de la tradition de l'Église pour trancher les questions théologiques.

L'esprit de l'anglicanisme

La tentative anglicane de concevoir une voie médiane entre les approches historiques de la théologie chrétienne a incité les théologiens à se concentrer sur la méthode théologique. Ils souhaitaient s'affranchir des contraintes doctrinales des autres traditions chrétiennes et de la désorganisation théologique et ecclésiastique qui survenait parfois au sein de l'Église d'Angleterre. Soucieux d'articuler la complexité de la réflexion théologique et de la formulation doctrinale, les anglicans ont produit de nombreux travaux sur la méthode théologique. De ce fait, Robert McAdoo considère la méthode théologique comme la caractéristique la plus distinctive de la théologie anglicane du XVIIe siècle. Il décrit cette méthodologie comme "l'esprit de l'anglicanisme, incluant la centralité de l'Écriture ainsi que la visibilité et la continuité de l'Église, toutes deux confirmées par l'Antiquité et éclairées par la liberté de la raison et la libéralité des points de vue".[8]

L'évitement des anglicans envers les théologies systématiques ne reflète ni une incapacité intellectuelle à le faire, ni une méthode théologique peu développée. Au contraire, leur approche méthodologique impliquait une méfiance envers les systèmes théologiques. McAdoo suggère plusieurs causes à cela, parmi lesquelles l'importance croissante de la raison. Bien que l'autorité de la raison en religion ait varié parmi les chrétiens, selon les théologiens, le respect croissant pour la raison "a suscité une réaction constante contre l'identification de la foi à l'assurance et une réaction tout aussi constante contre les systèmes et les syllogismes".[9]

Paul More suggère que la méthode théologique anglicane excluait toute finalité dans le contenu systématique. Il affirme: "Ce que nous devons rechercher dans la littérature ecclésiastique anglaise n'est pas tant la finalité que l'orientation."[10] L'interprétation et l'application théologiques semblent assurément plus cruciales pour la théologie anglicane que les formulations systématiques. On peut attribuer aux principes méthodologiques directeurs la capacité de l'Église d'Angleterre à suivre la voie médiane qu'elle souhaitait, en évitant les interprétations bibliques étroites et en reflétant l'essence de l'orthodoxie classique.

Le rôle de l'expérience

Bien que l'expérience n'ait pas joué un rôle explicite dans la méthodologie anglicane primitive comme elle le fit plus tard chez Wesley, elle doit néanmoins être mentionnée pour situer le contexte du quadrilatère wesleyen. Malgré l'absence de toute déclaration formelle, la présence de l'expérience dans la réflexion et la formulation théologiques était implicitement admise dans une grande partie des écrits des XVIe et XVIIe siècles.

Un tel recours à l'expérience ne fut pas contesté par les théologiens anglicans ultérieurs, car eux aussi supposaient que l'expérience devait confirmer et préciser les vérités chrétiennes établies par les normes généralement acceptées de l'Écriture, de la tradition et de la raison. La raison était formellement la nouvelle venue dans la méthode théologique anglicane, mais, de manière informelle, l'expérience jouait un rôle de soutien important. Au siècle précédant Wesley, même le rôle de soutien de l'expérience est peu mentionné par les théologiens; les appels à l'expérience semblent plus répandus dans la théologie pratique des écrits dévotionnels et sermoniques.

L'émergence de la philosophie expérimentale à la fin du XVIIe siècle suscita un intérêt pour les données sensorielles, mais pas nécessairement pour le type d'expérience plus personnelle et nettement religieuse. John Locke avait entrepris une analyse introspective de la compréhension humaine, parallèlement à l'analyse externe de la nature dans les sciences physiques. Mais la plupart des anglicans, dont Locke, qui considéraient la raison comme source d'autorité religieuse, se méfièrent de l'expérience religieuse individuelle. L'"enthousiasme" était une accusation souvent portée contre ceux perçus comme ayant une inspiration personnelle ou faisant preuve d'extravagance dans leur dévotion religieuse. Locke consacra un chapitre entier à une définition de l'enthousiasme, et cette définition devint finalement la norme au XVIIIe siècle.[11] Wesley fut souvent accusé d'être un enthousiaste, mais il rejeta vigoureusement cette étiquette, principalement parce que son appréciation des croyances chrétiennes était en accord avec les Écritures, la raison et le meilleur de l'Antiquité chrétienne.

Synthèse anglicane

Depuis l'époque de Hooker, les anglicans ont cherché à intégrer la raison dans une compréhension équilibrée de la méthode théologique, respectueuse de l'autorité religieuse de l'Écriture et de la tradition. Selon Francis Paget, "Car c'est sur une égale loyauté envers les droits indissociables de la raison, de l'Écriture et de la tradition que reposent la force et l'espoir distinctifs de l'Église d'Angleterre."[12]

Face à des courants théologiques concurrents, l'anglicanisme reconnaissait généralement la nécessité de respecter ces trois composantes. L'autorité biblique demeurait centrale, mais un nouveau sentiment de liberté émergeait dans la compréhension anglicane des croyances doctrinales. La raison apportait la liberté de renouveler l'étude de la théologie naturelle, généralement dans les limites des croyances chrétiennes orthodoxes, d'une manière que le protestantisme continental avait déconseillée. Cependant, les anglicans ne souhaitaient pas non plus retomber dans une forme révisée du catholicisme romain, qui survaloriserait la théologie naturelle. Ils se targuaient de présenter une alternative théologique ou par le biais des médias.

Cette synthèse embrassait non seulement la primauté de l'autorité scripturale et le rôle nécessaire de la raison dans la méthode théologique, mais aussi la nécessité constante de préserver une compréhension historique et orthodoxe des croyances chrétiennes. Les références à l'Antiquité chrétienne ne devaient pas être évoquées arbitrairement pour étouffer une compréhension raisonnable de l'Écriture, mais plutôt utilisées pour en identifier les motifs centraux et ainsi affirmer la catholicité de ces croyances. Les formulations consensuelles du credo de l'Église primitive devaient être comprises, valorisées et suivies au plus près; les éléments non essentiels des croyances chrétiennes, anciennes et contemporaines, devaient être identifiés et tolérés, mais non requis pour l'orthodoxie. Il fallait tenir compte de l'Antiquité tout autant que des nouvelles connaissances issues des études scientifiques naissantes sur la nature et des philosophies de l'expérimentation.

Si la raison était libre de compléter l'étude des Écritures et de la tradition, elle était également libre d'intégrer de nouvelles connaissances susceptibles de confirmer et d'éclairer les croyances chrétiennes, issues de disciplines intellectuelles et scientifiques autres que la théologie. Un sentiment de tension existait entre la raison et les autres sources d'autorité religieuse, à savoir les Écritures et la tradition. Mais, comme le suggère McAdoo, il s'agissait d'une tension saine et vivante qui n'acceptait ni l'autoritarisme ni la liberté incontrôlée. Il écrit:

> Une caractéristique générale de la méthode théologique anglicane est donc cette polarité ou tension de qualité de vie, qui contribue largement à expliquer comment l'élément de raison n'a pas été, pour la plupart, surpondéré au cours du XVIIe siècle, puisqu'il n'a jamais existé dans le vide, théologiquement parlant, mais a fonctionné en conjonction avec d'autres éléments tels que l'appel à l'Écriture et à l'Antiquité.[13]

L'élévation de l'expérience de Wesley

Wesley est apparu à une époque où les questions de méthode théologique et d'autorité religieuse étaient au cœur des débats en Angleterre. Malgré d'inévitables divergences d'orientation théologique, les anglicans affirmaient généralement leur triple méthodologie distinctive: l'Écriture, la tradition et la raison. L'environnement et l'éducation anglicans de Wesley ont constitué un terreau fertile pour la réflexion et le progrès théologiques.

Au cœur de ces débats, Wesley cherchait à promouvoir une compréhension essentielle de la foi chrétienne, notamment au sein de l'Église d'Angleterre. Ayant lui-même connu un renouveau spirituel, il s'efforçait d'offrir à d'autres la même occasion de le faire. Maximin Piette observe que Wesley avait été profondément marqué par une sorte d'expérimentation personnelle de croissance spirituelle et d'autodiscipline.[14] Les enseignements tirés de son expérience pourraient peut-être être utiles à d'autres.

Piette souligne l'utilisation par Wesley de l'expérience pratique et de l'expérimentation en matière de spiritualité personnelle. Wesley concevait sa tâche dans les termes plus concrets de l'évangélisation et du renouveau de l'Église. Mais l'expérience et l'expérimentation, au sens large, se retrouvent également dans sa connaissance pratique de la méthode théologique. L'anglicanisme offrait déjà une approche établie des questions théologiques et pratiques, et Wesley s'est simplement inspiré de cette pensée et y a contribué. Il ne se percevait pas comme formulant quoi que ce soit de fondamentalement nouveau, et certainement pas comme novateur dans l'histoire de la pensée chrétienne orthodoxe. Pourtant, en travaillant selon les paramètres de la méthode théologique hérités de l'anglicanisme, Wesley a non seulement assumé, mais a largement dépassé, cet héritage remarquable.

Questions de discussion

Avez-vous une méthode théologique? En avez-vous conscience? Comment prenez-vous des décisions concernant vos croyances, vos valeurs et vos pratiques en tant que chrétien?

Pourquoi est-il important que chacun soit conscient de la manière dont il prend ses décisions théologiques? Quelle méthode utilise-t-on pour prendre ses décisions au quotidien? À quelle fréquence intègre-t-on explicitement les Écritures dans ces décisions?

Comment la conception chrétienne de l'autorité religieuse a-t-elle évolué au fil des siècles? Comment ces différentes conceptions ont-elles influencé leurs croyances, leurs valeurs et leurs pratiques?

Pourquoi les réformateurs protestants, et notamment Luther, ont-ils fait appel à la *sola Scriptura*? Comment comprenez-vous la *sola Scriptura* aujourd'hui?

Pourquoi les anglicans ont-ils créé une voie de communication entre les enseignements du catholicisme romain et ceux des réformateurs continentaux? L'importance accordée par les anglicans aux Écritures, à la tradition et à la raison, en tant qu'autorités religieuses, a-t-elle amélioré leur compréhension du christianisme?

Pourquoi Wesley a-t-il parlé de l'expérience en tant qu'autorité religieuse? Dans quelle mesure votre expérience – votre contexte – influence-t-elle vos croyances, vos valeurs et vos pratiques?

Notes

[1]R. McKeon, "Methodology (Philosophy)," *New Catholic Encyclopedia*, 16 vols. (New York: McGraw–Hill, 1967), 9:744.

[2]"Method, Theological," *A New Dictionary of Christian Theology*, ed. Alan Richardson and John Bowden (London: SCM Press; 1983), 363.

[3]J. J. Mueller, *What Are They Saying About Theological Method?* (New York: Paulist Press, 1984), 1.

[4]Le nom de "méthodiste" fut initialement donné par moquerie à Wesley et à ses collègues durant leurs années d'études à Oxford. Voir "A Short History of Methodism," §5, *Works* (éd. Jackson), 8: 348.

[5]Voir "The Definition of Faith of the Council of Chalcedon," *A Select Library of Nicene and Post–Nicene Fathers of the Christian Church*, trans. and ed. Philip Schaff and Henry Wace, 14 vols. (Reprint; Grand Rapids: Eerdmans, 1979), 14:262.

[6]Martin Luther, "Preface to the Wittenberg Edition of Luther's German Writings, Dr. Martin Luther's Preface," trans. Robert R. Heitner, *Selected Writings of Martin Luther*, 1517–1520, ed. Theodore G. Tappert, 4 vols. (Philadelphia: Fortress, 1967), 1:9.

[7]John Calvin, "Prefatory Address to King Francis," *Institutes of the Christian Religion*, trans. Ford Lewis Battles, ed. John T. McNeill, 2 vols. (Philadelphia: Westminster, 1960), 1:18.

[8]Henry R. McAdoo, *The Spirit of Anglicanism: A Survey of Anglican Theological Method in the Seventeenth Century* (New York: Scribner's, 1965), 357 (souligné par moi). Les anglicans mentionnés par McAdoo ne constituent pas la liste exhaustive des théologiens qui ont fait appel à l'Écriture, à la tradition et à la raison dans leur méthodologie théologique. Lancelot Andrewes, George Bull, Francis Atterbury et d'autres

présentent des approches similaires de la méthode théologique.

[9]McAdoo, *Spirit of Anglicanism*, 310.

[10]Paul E. More, introductory essay, *Anglicanism*, eds. Paul E. More and Frank L. Cross (Milwaukie: Morehouse-Gorham, 1935), xx.

[11]Voir le chapitre "Of Enthusiasm" in John Locke, *An Essay Concerning Human Understanding*, 2 vols. (1690; New York: Dover, 1959), 2:428-41, en particulier 432. Cf. la définition de "Enthusiasm," par Samuel Johnson, qu'il attribue à Locke, dans *A Dictionary of the English Language* (1755; réimpression, New York: Arno, 1979).

[12]Francis Paget, *An Introduction to the Fifth Book of Hooker's Treatise of the Laws Ecclesiastical Polity* (Oxford: Clarendon, 1907), 284. Cf. Charles Gore, *Roman Catholic Claims*, 4th ed. (London: Longman's, Green, 1892), 6.

[13]McAdoo, *Spirit of Anglicanism*, 313.

[14]Maximin Piette, *John Wesley in the Evolution of Protestantism*, trans. J. B. Howard (New York: Sheed and Ward, 1937), 436.

CHAPITRE 4
"LA VRAIE RELIGION, LA RELIGION SCRIPTURALE ET EXPÉRIMENTALE"

Wesley a vécu pendant la révolution scientifique naissante, dont il respectait et appréciait les réalisations. Cette révolution reflétait la science de Francis Bacon et d'Isaac Newton, la philosophie de John Locke et la tradition de la logique inductive et déductive remontant à Aristote. Les écrits de Wesley sur la philosophie naturelle témoignent de son admiration pour les avancées scientifiques. Il ne craignait pas ce que la science pouvait apporter à la compréhension religieuse de soi. Si son époque ne figurait pas parmi les plus antireligieuses de la recherche scientifique, toutes les idées scientifiques n'étaient pas en phase avec les enseignements chrétiens. Néanmoins, Wesley croyait que les personnes rationnelles pouvaient distinguer ce qui est utile de ce qui ne l'est pas en science et en méthode scientifique.

Wesley louait les travaux d'hommes comme Bacon et Newton pour leur "renouveau du savoir" grâce à de nombreuses expériences bénéfiques "qui, après avoir observé avec précision la structure et les propriétés de chaque corps, permettaient de juger plus sûrement de sa nature". [1] Cet appel à l'expérimentation fut largement accepté et appliqué dans diverses disciplines, dont la théologie. Il ne fait aucun doute que la méthode expérimentale de la science était présente

41

implicitement, voire explicitement, dans l'esprit de Wesley lorsqu'il décrivait ses Sermons à plusieurs occasions comme une tentative de présenter "la vraie religion, scripturaire et expérimentale".[2] Au moins dans la structure générale de ces sermons, il voyait son entreprise pastorale et théologique comme analogue à la méthode expérimentale ou inductive de la révolution scientifique. De plus, il encourageait les autres à faire de même. Par exemple, en discutant des limites de la raison à produire la foi dans Le cas de la raison impartialement considérée, Wesley ne voulait pas que les autres acceptent ce qu'il disait sans avoir expérimenté par eux-mêmes. Il dit: "Mais sur un point d'une importance aussi indicible, ne vous fiez pas à la parole d'autrui; retirez-vous un moment du monde agité et faites l'expérience vous-même."[3]

Permettez-moi d'illustrer la présence du raisonnement inductif de Wesley par son ouvrage théologique peut-être le plus abouti et le plus systématique: une monographie intitulée *The Doctrine of Original Sin, according to Scripture, Reason, and Experience*. Cette monographie sert d'étude de cas pour examiner la méthodologie inductive utilisée par Wesley dans les études bibliques et théologiques.

Étude de cas: la doctrine du péché originel

John Wesley écrivit son traité sur le péché originel en 1756, en réponse à un autre ouvrage antérieur de John Taylor, intitulé *The Scripture-Doctrine of Original Sin*. Wesley considérait cet ouvrage comme très érudit, surpassant ses propres compétences, notamment en grec et en hébreu. Néanmoins, Wesley ne pouvait rester silencieux face à tant d'enseignements qu'il considérait comme faux. Il considérait l'ouvrage de Taylor comme "un vieux déisme sous un nouvel habit; il sapait le fondement même de toute religion révélée, qu'elle soit juive ou chrétienne".[4]

Wesley croyait que le péché d'Adam avait eu des répercussions bien plus que temporelles. Les hommes étaient devenus spirituellement et moralement corrompus, et passibles de châtiments éternels et temporels. Selon Wesley, "le système chrétien s'effondre d'un coup" si l'on élimine la doctrine du péché originel et l'idée que les hommes sont "par nature insensés et pécheurs, "privés de l'image glorieuse de Dieu"."[5]

Wesley s'opposait aux arguments astucieux de Taylor pour écarter les croyances traditionnelles sur le péché en général, et sur le péché originel en particulier. Pour défendre ce qu'il considérait comme faisant partie de l'orthodoxie classique, Wesley entreprit de présenter une position théologique complète sur le péché. Le résultat est le traité le plus systématique que Wesley ait produit – un traité qui en dit long sur sa méthode théologique. Ce traité n'indique pas une approche systématique pour l'ensemble du corpus de Wesley, mais il révèle qu'il avait une méthode d'étude consciente lorsqu'il entreprenait une réflexion théologique sérieuse. D'autres écrits de Wesley n'exposent peut-être pas sa méthode théologique de manière aussi explicite, mais celle-ci a influencé l'approche globale qu'il a adoptée pour répondre aux besoins théologiques de l'Église et du monde.

J'utiliserai les catégories d'observation, d'interprétation, d'évaluation et d'application, ainsi que de corrélation, pour tenter de comprendre le fonctionnement du raisonnement inductif de Wesley. Ces catégories sont implicites dans la structure de La Doctrine du péché originel et dans les arguments qui y sont développés.

Bien que l'Écriture demeure sa principale source d'information pour l'investigation inductive, associée à des explications et des preuves déductives, Wesley révèle une contextualité plus large que certains observateurs chrétiens ne le reconnaissent ou ne l'apprécient. Son traité révèle une compréhension approfondie des multiples dimensions de la réflexion théologique, qui imprègne d'autres écrits de Wesley. Dans le traité sur la Doctrine du péché originel, la première partie se rapproche du processus d'investigation de l'observation; la deuxième partie est comparable à l'interprétation; la troisième partie, à l'évaluation et à l'application; et les quatrième à septième, à la corrélation.

Observation des faits pertinents

Wesley a commencé son étude expérimentale de la doctrine du péché originel par la première étape logique de tout processus inductif, à savoir l'observation. À l'instar de l'observation scientifique, Wesley comprenait la nécessité d'une analyse attentive des faits ou des particularités constatés liés à l'existence du péché. Il s'est donc efforcé de s'imprégner de faits relatifs à la corruption universelle – à l'immoralité personnelle et aux injustices sociales – afin d'être certain de la nature et de l'étendue de son existence, ainsi que de la nécessité d'une explication constructive. Il a déclaré:

Avant de tenter d'expliquer un fait, il convient d'être bien sûr du fait lui-même. Examinons donc d'abord quel est l'état réel de l'humanité ; et, ensuite, efforçons-nous d'en rendre compte. [6]

Wesley a ouvert son traité par une section intitulée "L'état passé et présent de l'humanité", dans laquelle il s'est interrogé: "Quel est l'état réel, en ce qui concerne la connaissance et la vertu, dans lequel l'humanité s'est trouvée depuis les temps les plus reculés? Et dans quel état se trouve-t-elle aujourd'hui?"[7] Il a commencé son investigation théologique en observant les faits disponibles dans les Écritures, les considérant comme une source fiable de données historiques.

Il a ensuite observé d'autres faits de méchanceté dans l'histoire, notamment des recherches issues de sources historiques religieuses et profanes. Par exemple, il n'hésitait pas à puiser des faits dans des auteurs classiques tels que Caton, Cicéron, Horace, Juvénal, Ovide et Sénèque. Wesley croyait que toute "analyse juste et impartiale" de l'histoire sacrée et profane révélait manifestement la "corruption universelle" de l'humanité.[8]

Dans sa dernière observation, Wesley a invité les gens à réfléchir à leur propre expérience. Il s'attendait à ce que la plupart admettent humblement leurs défauts moraux. Cependant, il a observé que beaucoup se sentent plutôt satisfaits d'eux-mêmes et ne se considèrent pas le moins du monde immoraux ou corrompus. En réponse, il a condamné l'orgueil et l'illusion qu'ils s'inspirent d'eux-mêmes, les décrivant comme "l'observateur le plus insouciant et le plus inexact, qui ne se préoccupe que de leur apparence extérieure".[9] Toute observation véritablement expérientielle de la nature humaine dans sa globalité doit – encore une fois, en toute bonne conscience et avec bon sens – les amener à admettre une propension aux comportements pervers et corrompus.

Wesley pensait que ses observations sur les faits du péché constituaient un point de départ convaincant pour développer la doctrine du péché originel. Il assumait la légitimité du raisonnement inductif dans ces réflexions théologiques, mais cette hypothèse reposait sur l'autorité ultime de la révélation de Dieu telle qu'elle est consignée dans les Écritures – révélation confirmée à la fois par la raison et par l'expérience.

On peut critiquer Wesley pour ne pas avoir appliqué sa méthode expérimentale aussi rigoureusement qu'il aurait pu l'avoir fait (par rapport à la recherche quantitative et qualitative moderne), ou pour ne pas avoir reconnu les limites contextuelles de l'investigation inductive. Mais cela ne doit pas nous empêcher de tenter de comprendre Wesley selon ses propres termes et dans son contexte historique, intellectuel et théologique. Reconnaître sa situation nous aidera au moins à comprendre que Wesley travaillait avec autant de conscience méthodologique et d'intégrité que d'autres théologiens de son époque. Malgré les limites que nous pouvons reconnaître à sa pensée, Wesley s'efforçait d'adopter une approche théologique orientée vers l'expérimentation.

Interprétation des faits

De toute évidence, aucune méthode théologique ne se résume à la simple observation et à l'accumulation des faits. Les faits nécessitent une interprétation, et Wesley croyait qu'ils ne pouvaient être véritablement expliqués qu'à la lumière des Écritures. Dans la deuxième partie, "La méthode scripturale pour expliquer cela, défendue", Wesley soutient que seule la doctrine scripturale et orthodoxe du péché originel rend justice aux réalités de la misère et de la méchanceté universelles observées dans le monde. Il conclut:

> Et cette [doctrine] explique facilement la méchanceté et la misère de l'humanité à toutes les époques et dans toutes les nations; par quoi l'expérience et la raison confirment si fortement cette doctrine scripturaire du péché originel.[10]

L'argumentation de Wesley en faveur de la doctrine largement répandue du péché originel s'appuyait sur l'Écriture, la raison et l'expérience, comme l'indique explicitement le titre complet du traité. Il répliqua à Taylor en faisant appel aux trois autorités religieuses pour souligner le caractère déraisonnable de son interprétation, fondée uniquement sur l'expérience et l'Écriture. Si Taylor voulait renverser la doctrine du péché originel, il lui faudrait présenter une interprétation plus logique et existentiellement convaincante des faits de la vie et de l'Écriture. Or, c'est précisément sur ce point que Wesley estimait que Taylor avait échoué, car il n'avait pas traité de manière exhaustive tous les faits pertinents.

Pour commencer, Wesley ne pensait pas que Taylor avait présenté une alternative raisonnable pour expliquer la présence universelle de la misère et de la méchanceté dans le monde. Taylor avait soutenu que l'ignorance, renforcée par une mauvaise éducation, avait propagé de mauvaises coutumes parmi les gens, et que la doctrine traditionnelle du péché originel ne constituait pas un élément de la communication du message évangélique des Écritures. Cependant, Wesley estimait que Taylor n'avait pas correctement traité les données ni les implications logiques de sa position.

Wesley a remis en question à plusieurs reprises l'utilisation par Taylor d'une logique incohérente dans l'interprétation des Écritures, son incapacité à tirer les implications des idées jusqu'à leurs conclusions logiques, et sa tromperie virtuelle dans sa déformation des Écritures. Il pensait également que Taylor utilisait incorrectement les termes bibliques, que les Écritures "contredisaient catégoriquement d'autres Écritures" et qu'il employait un "discours persuasif" pour contourner les Écritures.[11] Il a ainsi trouvé la preuve de l'inadéquation de l'hypothèse théologique de Taylor sur le péché dans une étude inductive, en particulier des Écritures. Wesley a déclaré: "En attendant cette [preuve], je dois continuer à croire, avec l'Église chrétienne de tous les temps, que tous les hommes sont des "enfants de colère par nature", au sens propre et simple du terme." [12]

Évaluation et application des idées religieuses

En défendant la doctrine orthodoxe du péché originel contre l'interprétation alternative proposée par Taylor, Wesley avait déjà entamé l'étape évaluative du processus inductif d'étude méthodique des faits. Mais il a poursuivi ce processus d'évaluation plus explicitement dans la troisième partie, "Réponse au supplément du Dr Taylor". Wesley y a évalué la pertinence et l'utilité du supplément que Taylor avait ajouté à la première édition de son livre en réponse aux critiques de D. Jennings et d'Isaac Watts.

Wesley ne pensait pas que Taylor avait répondu de manière satisfaisante aux critiques de Jennings et Watts. En fait, dans la quatrième partie du traité, Wesley a annexé un long extrait du livre de Watts sur le péché originel.[13] Il le faisait afin d'affirmer la justesse de la position de Watts sur la doctrine et la pertinence de sa critique de l'ouvrage de Taylor.

Wesley reprochait à Taylor de ne pas avoir pris en compte tout ce qui est dit sur le péché dans les Écritures. Il soutenait également que Taylor ne pouvait expliquer par la suite les souffrances des enfants – vraisemblablement innocents, selon lui – et la mortalité. Wesley aborda cette argumentation comme il l'avait fait par le passé. Il s'appuyait sur les preuves des Écritures, puis sur celles de "l'état du monde, preuve du déplaisir de Dieu et de la corruption naturelle de l'homme".[14]

Corrélation en théologie

Le processus de corrélation devrait imprégner toute démarche théologique. Il est continuellement nécessaire d'établir des relations mutuelles ou interconnectées entre les matériaux et les idées appropriés au sujet traité. Wesley tenait à développer une théologie biblique essentielle, reflétant et stimulant l'expérience de la foi chrétienne dans la vie et la pratique. Il ne limitait pas ses études aux seules Écritures, mais réfléchissait à des faits découverts en dehors d'elles. Ce n'est qu'en faisant appel aux trois autorités religieuses, dans leur juste relation et comme un instrument méthodologique unique, que Wesley pensait pouvoir parvenir à un traitement véritablement intégré et essentiel du sujet.

Wesley ne considérait pas comme une nécessité pastorale ou théologique de formuler "un schéma uniforme et cohérent de la grande doctrine", car de tels efforts avaient déjà été accomplis avec compétence par d'autres.[15] Il ajouta donc à sa défense de la doctrine du péché originel des extraits des œuvres de Watts, Samuel Hebden et Thomas Boston. En citant ces extraits, Wesley ne se dérobait pas à ses responsabilités de théologien. Au contraire, il reconnaissait humblement l'existence de travaux existants qui répondaient au besoin pratique de fournir des analyses approfondies de la doctrine du péché originel à l'appui de sa critique de Taylor.

Bien que Wesley n'ait pas présenté de traitement académique approfondi de la doctrine, son traité sur la Doctrine du péché originel reflète tous les traits méthodologiques mentionnés précédemment comme caractérisant ses écrits théologiques. Wesley était scripturaire, orthodoxe/traditionnel, analytique/critique et expérimental/pratique dans son investigation des faits et des idées relatifs à la doctrine du péché.

Application sotériologique

Wesley croyait que sa pensée théologique était profondément inductive, bien qu'il semble impossible que quiconque puisse réellement observer et interpréter tous les faits imaginables liés à la religion. C'est pourquoi l'approche inductive de Wesley concernant la doctrine du péché originel, par exemple, pourrait être plus justement qualifiée d'induction pratique – ou, pour utiliser un terme philosophique technique, d'induction ampliative.[16] Autrement dit, Wesley raisonnait à partir d'un nombre limité d'observations, principalement liées à la situation pécheresse de l'humanité, au besoin de salut et à une vie de sainteté concomitante.

Il est irréaliste de penser que Wesley aurait pu adopter une approche totalement inductive. Il a entrepris un examen plus modeste, mais pratiquement complet, de cas choisis de péché. Partant d'un nombre limité de cas observés de péché, Wesley a établi une relation causale générale entre ces péchés et le péché originel. Il a soutenu que la doctrine traditionnelle du péché originel fournit une explication raisonnable et suffisante des faits de péché, de douleur et de souffrance dans le monde. Il a démontré le lien scripturaire significatif entre la réalité du péché et le besoin de salut.

Bien qu'il ne s'attendait pas à trouver dans les Écritures tous les éléments de la théologie, Wesley espérait y trouver une source suffisante de la révélation divine par laquelle Dieu a choisi de parler à l'humanité, notamment du salut. Parce que ce que Dieu nous dit à travers les Écritures est raisonnable – comme toute vraie religion –, il doit être correctement interprété par des compétences rationnelles et des ressources expérientielles, également mises à notre disposition par la grâce divine. Wesley pouvait considérer que les seules Écritures alimentaient ses conclusions théologiques. Les Écritures demeuraient la principale autorité religieuse, et Wesley ne s'attendait pas à ce que la tradition, la raison ou l'expérience la contredisent. Mais il a laissé la place à d'autres sources que les Écritures pour éclairer notre réflexion, offrant ainsi une compréhension plus réaliste et contextuelle de la manière dont les individus associent la théologie. Ainsi, Wesley a fourni une méthode théologique qui nous aide à développer une théologie plus holistique et intégrative, applicable à toutes les croyances, valeurs et pratiques scripturales.

Questions de discussion

Que voulait dire Wesley par "la vraie religion scripturaire et expérimentale"?

Connaissez-vous la différence entre l'induction et la déduction? Si l'induction examine des données pertinentes sur une question, et que la déduction explique (ou tente de prouver) les résultats de son investigation, pourquoi est-il important que l'induction (investigation) précède la déduction (explication, preuve)?

Comment l'expérimentation inductive se manifeste-t-elle en science? En quoi est-il utile (ou inutile) de considérer la méthode théologique de manière analogue à l'expérimentation scientifique?

Alors que Wesley étudiait les questions théologiques, pourquoi est-il important pour les chrétiens de considérer l'Écriture comme la principale autorité religieuse en matière de croyances, de valeurs et de pratiques?

En réfléchissant au christianisme, pourquoi est-il utile de s'appuyer sur d'autres sources que les Écritures pour prendre ses décisions théologiques? Que peut-on apprendre de l'histoire de l'Église? Que peut-on apprendre de la pensée critique? Que peut-on apprendre de l'expérience pertinente?

L'analyse de Wesley sur la doctrine chrétienne historique des originaux a-t-elle été utile pour comprendre comment il prenait ses décisions théologiques, fondées sur l'Écriture, la tradition, la raison et l'expérience? En quoi cette étude de cas n'était-elle pas utile?

Notes

[1]"Of the Gradual Improvement of Natural Philosophy," introduction to the five volume Natural Philosophy, found in the *Works* (Jackson ed.), 13:483.

[2]Voir Preface, §6, "Sermons on Several Occasions," *Works* (Bicentennial ed.), 1:106.

[3]"The Case of Reason Impartially Considered" (1781, sermon 70), II.3, *Works* (Bicentennial ed.), 2:594–95.

[4]Preface, §4, "Doctrine of Original Sin," *Works* (Jackson ed.), 9:193–94.

[5]Preface, §4, "Doctrine of Original Sin," *Works* (Jackson ed.), 9:194.

[6]Introduction, "Doctrine of Original Sin," pt. 1, *Works* (Jackson ed.), 9:196.

[7]"Doctrine of Original Sin," pt. 1, I, *Works* (Jackson ed.), 9:196.

[8]"Doctrine of Original Sin," pt. 1, I.14, *Works* (Jackson ed.), 9:235.

[9]"Doctrine of Original Sin," pt. 1, II.13, *Works* (Jackson ed.), 9:234.

[10]"Doctrine of Original Sin," pt. 2, [II.]10, *Works* (Jackson ed.), 9:273 (emphasis mine).

[11]See "Doctrine of Original Sin," pt. 2, I.14, *Works* (Jackson ed.), 9:253, and pt. 3, VII, *Works* (Jackson ed.), 9:336.

[12]"Doctrine of Original Sin," pt. 2, [II.]6, *Works* (Jackson ed.), 9:269.

[13]Voir l'extrait de Wesley tiré de *The Ruin and Recovery of Mankind* d'Isaac Watts dans "Doctrine of Original Sin," pt. 4, *Works* (éd. Jackson), 9: 353–97.

[14]Voir "Doctrine of Original Sin," pt. 3, III, *Works* (Jackson ed.), 9:325; cf. 9:320.

[15]Introduction, "Doctrine of Original Sin," pt. 4, *Works* (Jackson ed.), 9:353.

[16] L'utilisation par Wesley d'un nombre limité d'exemples observés de péché peut être mieux décrite comme une induction ampliative, qui est définie comme suit: "Raisonner à partir d'un nombre limité d'exemples observés vers une relation causale générale"; voir Peter A. Angeles, *A Dictionary of Philosophy* (New York: Harper & Row, 1981), 132.

CHAPITRE 5
ÉCRITURE, PARTIE 1:
PRIMAUTÉ DES L'ÉCRITURES

Pour Wesley, l'Écriture était une autorité religieuse différente et supérieure à toute autre. Sa théologie découlait de la révélation de Dieu lui-même, telle qu'elle se trouve précisément dans l'Écriture. Toute théologie et toute expérience "doivent être soumises à une règle supplémentaire pour être soumises au seul véritable test: la Loi et le Témoignage".[1] Dans une lettre à James Hervey, Wesley écrivait: "Je n'admets aucune autre règle, que ce soit de foi ou de pratique, que les Saintes Écritures."[2] Soucieux de la pérennité de la foi des méthodistes, il écrivait:

> Ce que je souhaite chaque soir, c'est que vous restiez tous proches de la Bible. Ne soyez pas sages au-delà de ce qui est écrit. Ne prescrivez rien que la Bible n'ordonne clairement. N'interdisez rien qu'elle n'interdise clairement.[3]

Bien que Wesley ait été disposé à apprendre des autres et même d'autres traditions religieuses, ils avaient besoin de corroborer sa valeur "par une preuve évidente de l'Écriture".[4] Non seulement l'Écriture, en tant qu'"oracles de Dieu", servait de "fondement de la vraie religion",[5] mais elle fonctionnait également comme une sorte de protection épistémologique des limites de la vraie religion expérimentale.

Wesley approuvait l'importance accordée par la Réforme et l'Église anglicane à la primauté de l'autorité scripturale. Plus précisément, il considérait l'Église anglicane comme "plus proche du plan scriptural que toute autre" Église, que ce soit en Angleterre ou en Europe, ce qui explique en grande partie pourquoi il n'a jamais voulu se séparer de l'Église d'Angleterre.[6] L'Écriture constituait la seule source suffisante et accessible à tous pour explorer la nature de Dieu et de la vie. Parce que l'Écriture s'applique à la fois à la théologie et à la vie dans son ensemble, Wesley considérait la tradition, la raison et l'expérience comme des autorités fiables pour aider à comprendre et à communiquer les vérités de l'Écriture.

Parallèlement à son respect théologique pour les Écritures, Wesley leur accordait une place privilégiée dans sa vie personnelle. Wesley ne se contentait pas de lire les Écritures; il écoutait Dieu lui parler personnellement dans ses pages. Les Écritures représentaient la parole vivante de Dieu:

> Le fondement de la vraie religion repose sur les oracles de Dieu. Elle s'appuie sur les prophètes et les apôtres, Jésus-Christ lui-même étant la pierre angulaire. Or, à quoi sert la raison si nous voulons comprendre nous-mêmes ou expliquer aux autres ces oracles vivants![7]

Wesley croyait que nous pouvons établir une relation avec les Écritures telle que Dieu nous parle à travers elles. C'est pourquoi il s'enthousiasmait lorsqu'il parlait des Écritures: "Donnez-moi ce livre ! À tout prix, donnez-moi le livre de Dieu!"[8] Il était existentiellement important pour Wesley d'avoir les Écritures et d'en faire la règle principale de sa vie. Lire puis écouter spirituellement les Écritures fonctionnait de la même manière qu'écouter Dieu dans la prière. Dieu a non seulement inspiré la rédaction des

Écritures, mais continue d'illuminer ceux qui les lisent. La simple étude des Écritures, bien sûr, ne produit pas l'illumination ou la compréhension nécessaires pour devenir chrétien. Pour entrer dans une relation salvifique avec Jésus-Christ, il faut être aidé par l'œuvre intérieure du Saint-Esprit.

Commentant l'inspiration des Écritures dans les Notes sur le Nouveau Testament, Wesley a évoqué le besoin constant d'être éclairé, voire inspiré, par le Saint-Esprit. L'Esprit guide ceux qui abordent la lecture des Écritures dans un contexte de prière. Wesley a déclaré:

> Toute Écriture est inspirée de Dieu. L'Esprit de Dieu a non seulement inspiré une fois ceux qui l'ont écrite, mais il inspire continuellement et assiste surnaturellement ceux qui la lisent par une prière fervente. C'est pourquoi elle est si utile pour enseigner, pour instruire les ignorants, pour convaincre ceux qui sont dans l'erreur ou le péché, pour corriger ou amender ce qui est faux, et pour instruire et former les enfants de Dieu en toute justice. [9]

Certains théologiens pourraient qualifier cette compréhension théologique de théorie de la double inspiration, selon laquelle l'inspiration divine se manifeste à la fois chez l'auteur et chez le lecteur des Écritures. Wesley n'a pas défendu une telle doctrine, mais il croyait fermement à l'illumination récurrente du Saint-Esprit accessible à ceux qui recherchent l'assistance divine pour écouter Dieu.

Bien que nous ayons besoin de la présence continue du Saint-Esprit pour nous guider, l'Écriture demeure une source fiable de la révélation divine. L'Écriture ne supplante pas le Saint-Esprit, mais Dieu a choisi d'en faire une ressource suffisante pour les questions de foi et de pratique religieuses. Ainsi, Wesley considérait que l'Écriture régissait notre vie autant que l'Esprit de Dieu la guide. Il disait:

> Car, bien que l'Esprit soit notre principal guide, il n'est pas du tout notre règle; les Écritures sont la règle par laquelle il nous conduit dans toute la vérité. Par conséquent, parlez un anglais correct, appelez l'Esprit "guide", ce qui signifie un être intelligent, et les Écritures "règle", ce qui signifie quelque chose utilisé par un être intelligent, et tout devient clair et net. [10]

L'Écriture et le Saint-Esprit se complètent. Ils servent de manière interdépendante à communiquer ce que Wesley aimait décrire comme la religion du cœur, c'est-à-dire une religion dans laquelle la connaissance et la piété vitale s'unissent parfaitement à la vie du croyant.

Inspiration des Écritures

La croyance aux Écritures découle de la croyance en Dieu, et non l'inverse. Wesley n'a pas admis l'inspiration des Écritures sans s'être d'abord engagé, au moins provisoirement, à croire en Dieu. Pourtant, le développement de ses croyances théistes s'est fait, pour Wesley, par la lecture des Écritures et la découverte de leur fiabilité comme source de révélation divine sur Dieu et le salut par Jésus-Christ. Une sorte d'interaction dialectique s'opère entre la lecture des Écritures, la confirmation de l'expérience et la compréhension raisonnablement conçue qui résulte de l'engagement envers les Écritures comme auto-révélation de Dieu. Ce processus dialectique comprend une compréhension active des choses connues, par laquelle une personne acquiert une connaissance objective de Dieu et du salut, qui peut paraître cachée à ceux qui ne sont pas disposés à s'engager envers Dieu.

Wesley s'engagea, au moins dès 1730 — huit ans avant sa célèbre expérience d'Aldersgate — à faire des Écritures la principale source d'autorité de sa vie. Il croyait que "toute Écriture est inspirée de Dieu" — une affirmation que l'on retrouve à la fois dans les Écritures et dans les formulaires anglicans.[11] Cette affirmation représentait un engagement de foi que Wesley utilisait pour se distinguer, ainsi que le mouvement méthodiste, des "Juifs, des Turcs et des infidèles".[12] Il croyait également que "la parole écrite de Dieu est la seule et unique règle de la foi et de la pratique chrétiennes; et en cela, nous nous distinguons fondamentalement de ceux de l'Église romaine".[13]

La confirmation de la foi de Wesley dans les Écritures provenait, au moins en partie, de son expérience personnelle de leur véracité pour le salut et du témoignage constant du Saint-Esprit. Il s'attendait pleinement à ce que le Saint-Esprit témoigne de l'inspiration des Écritures afin que chacun puisse éprouver un sentiment personnel d'assurance quant à leur véracité. Mais au-delà de la confirmation divine que nous ressentons, Wesley faisait appel à plusieurs autres arguments qui, selon lui, inciteraient davantage les gens à croire en l'inspiration des Écritures. Dans "Une démonstration claire et concise de l'inspiration divine des Saintes Écritures", Wesley utilisait des arguments empiriques et rationnels. Premièrement, il soutenait que les faits empiriques qui entourent les

Écritures nous obligent à croire en leur inspiration. Wesley disait:

Quatre arguments puissants et puissants nous incitent à croire que la Bible doit venir de Dieu: les miracles, les prophéties, la bonté de la doctrine et la moralité des rédacteurs. Tous les miracles découlent de la puissance divine; toutes les prophéties, de l'intelligence divine; la bonté de la doctrine, de la bonté divine; et la moralité des rédacteurs, de la sainteté divine. [14]

Les quatre arguments – la puissance divine, la compréhension, la bonté et la sainteté, que Wesley appelait "les quatre grands piliers" – présupposent une conception préexistante de Dieu, et Wesley reconnaissait cette hypothèse logique. Néanmoins, ces arguments ont servi à étayer une croyance fondamentale en Dieu et en ses caractéristiques, rendant la croyance en l'inspiration des Écritures aussi plausible que possible. Selon Wesley, ce n'est qu'après avoir rencontré le Dieu vivant par la foi que nous pouvons saisir les vérités essentielles du christianisme. En un sens, ces arguments ont permis à un esprit croyant de former et de communiquer une compréhension raisonnable de l'inspiration.

Un deuxième argument avancé par Wesley comportait un problème logique concernant la source nécessaire de l'inspiration. Il y proposait trois propositions concernant les motivations possibles de la rédaction des Écritures et expliquait en quoi il était logique de croire que Dieu les avait inspirées. Wesley déclarait:

Je me permets de proposer un argument court, clair et fort pour prouver l'inspiration divine des Saintes Écritures.

La Bible doit être l'invention soit d'hommes bons ou d'anges, soit d'hommes mauvais ou de démons, soit de Dieu.

Cela ne pouvait pas être l'invention d'hommes de bien ou d'anges; car ils ne voulaient ni ne pouvaient faire un livre, et dire des mensonges tout le temps qu'ils l'écrivaient, en disant: "Ainsi parle le Seigneur", alors que c'était leur propre invention.

Cela ne pouvait pas être l'invention d'hommes mauvais ou de démons; car ils ne voulaient pas faire un livre qui ordonne tout devoir, interdit tout péché et condamne leurs âmes à l'enfer pour toute l'éternité.

Je conclus donc que la Bible doit être inspirée par Dieu.[15]

Bien que Wesley ait vécu avant l'avènement des questions historico-critiques sur les Écritures, il a néanmoins fait preuve d'une grande finesse quant aux limites du langage et de la raison. Nous ne devrions pas, même en théorie, reléguer sa compréhension à un littéralisme statique et mécanique. Il croyait en l'inspiration des Écritures parce qu'elle s'est avérée suffisante pour le salut et la croissance chrétienne. Pour Wesley, l'Écriture était devenue une autorité fonctionnelle avant même qu'il ne formule sa doctrine. En fait, de son point de vue, toute formulation conceptuelle conserve un caractère hypothétique ou provisoire qui atténue une vision purement statique ou mécanique de l'inspiration et de l'autorité des Écritures.

Dans la mesure où il affirmait que l'Écriture était l'autorité principale de la religion chrétienne, Wesley partageait la vision protestante classique de l'autorité biblique. Dans son sermon "Sur la foi,

Hébreux 11:6", il s'est explicitement aligné sur la position protestante concernant l'Écriture. Wesley a déclaré:

> La foi des protestants, en général, n'embrasse que les vérités nécessaires au salut, qui sont clairement révélées dans les oracles de Dieu… Ils ne croient ni plus ni moins que ce qui est manifestement contenu dans les Saintes Écritures et prouvable par elles… La parole écrite est la règle entière et unique de leur foi, ainsi que de leur pratique.[16]

Bien que Wesley se soit aligné sur le christianisme protestant, il ne se contentait pas d'utiliser le principe de la *sola Scriptura* d'une manière qui excluait les autres autorités religieuses. Fidèle à son héritage anglican, il n'hésitait pas à introduire des autorités extrabibliques dans sa méthode d'approche de la théologie et des Écritures. La tâche théologique dans son ensemble était trop complexe et étroitement liée aux autres autorités religieuses pour ignorer leur contribution à l'éclairage, à la vivification et à la proclamation du message de l'Évangile.

But de l'Écriture

Nous découvrons chez Wesley que l'un des principaux objectifs des Écritures est de communiquer le message complet de l'Évangile du salut – salut qui produit à la fois la justification et la sanctification chez les croyants. Les Écritures contiennent un récit fiable de la manière dont Dieu a pourvu à la voie du salut, notamment par la révélation de la personne et de l'œuvre de Jésus-Christ. Les Écritures présentent ainsi la voie du salut.

Wesley a exprimé cette idée dans des sermons tels que "Le christianisme scripturaire", "La voie du salut selon les Écritures" et "Comment travailler à notre propre salut". Si nous voulons être sauvés mais ne savons pas comment, alors les Écritures nous montrent "les étapes que... nous dirigeons vers la réalisation de notre propre salut".[17] Ainsi, Wesley considérait que les Écritures restaient existentiellement essentielles pour trouver la voie du salut.

Expliquer l'ordre du salut (lat., *ordo salutis*) tel qu'il est décrit dans les Écritures peut contribuer à en faciliter l'application. Wesley a reconnu cette application pratique de la théologie et a donc tenté à plusieurs reprises de définir les étapes de l'ordre ou de la voie du salut. Certains chercheurs suggèrent que l'ordre de Wesley est l'une de ses entreprises théologiques les plus systématiques. De fait, Wesley considérait généralement l'ordre du salut comme le cœur de sa théologie. Harald Lindström présente une étude utile des différentes tentatives de Wesley pour articuler cet ordre. Parmi ces tentatives, Lindström considère que le sermon de 1765 intitulé "La voie du salut selon les Écritures" fournit les facteurs prédominants que Wesley a placés dans l' *ordo salutis*:

> 1) L'opération de la grâce prévenante. 2) La repentance préalable à la justification. 3) La justification ou le pardon. 4) La nouvelle naissance. 5) La repentance après la justification et l'œuvre progressive de la sanctification. 6) L'entière sanctification.[18]

Wesley et *Sola Scriptura*

Dans la mesure où Wesley se prétendait l'homme d'un seul livre, il confirmait l'appel protestant au principe d'autorité de l'Écriture seule (lat., *sola Scriptura*). Mais son affirmation de l'Écriture comme source principale apparaissait dans le contexte d'un désir irrésistible de salut, et non dans le modèle traditionnel, du moins, de la pensée de la Réforme continentale. Parce que l'autorité de l'Écriture était liée à son efficacité à amener une personne à l'expérience du salut personnel, son autorité ne reposait pas uniquement sur la preuve de son inspiration ou de sa fiabilité. Plus tard dans son ministère, Wesley affirma que l'Écriture ne contenait aucun mensonge.[19] Mais plus tôt, il avait parlé de l'autorité de l'Écriture reposant davantage sur sa fonction de facilitation du salut que sur sa fiabilité factuelle, historique ou théologique.

En ce qui concerne la compréhension de Wesley de la *sola Scriptura*, Albert Outler note:

> Les grands mots d'ordre protestants *"sola fide"* et *"sola Scriptura"* étaient en réalité fondamentaux dans la formulation par Wesley d'une doctrine de l'autorité biblique. Mais, au début et à [la] fin de sa carrière, Wesley a interprété solus comme signifiant *"principalement"* plutôt que *"uniquement"* ou *"exclusivement"*.[21]

Pour appuyer cette affirmation, Outler cite les "Minutes de plusieurs conversations", où Wesley a déclaré ce qui suit en réponse à ceux qui disent ne lire que la Bible:

> C'est un enthousiasme démesuré. Si vous n'avez besoin que de la Bible, vous êtes au-dessus de saint Paul. Il en voulait d'autres aussi. "Apportez les livres", dit-il, "mais surtout les parchemins", ceux écrits sur parchemin. "Mais je n'ai aucun goût pour la lecture." Prenez-en goût par l'usage, ou retournez à votre métier.[22]

L'affirmation par Wesley de l'autorité des Écritures n'a pas empêché son intérêt et son utilisation tout au long de sa vie de nombreux autres ouvrages, notamment ceux d'intérêt théologique. La Bibliothèque chrétienne de cinquante volumes éditée par Wesley témoigne clairement de son souci d'offrir à tous une diversité de ressources intellectuelles et dévotionnelles pour la foi chrétienne – des ressources faisant autorité, même si elles sont secondaires et complémentaires.

Questions de discussion

Sur quelles bases Wesley croyait-il à l'autorité primordiale des Écritures? Que croyez-vous de l'autorité des Écritures? Dans votre vie, les Écritures ont-elles autant d'autorité en pratique que vous le prétendez en théorie?

Que signifie "l'inspiration divine" pour les Écritures? L'inspiration est-elle synonyme d'autorité? De fiabilité?

Dans quelle mesure l'inspiration des Écritures dépend-elle d'une argumentation rationnelle (et apologétique)? Dans quelle mesure son inspiration dépend-elle de la présence et de l'œuvre du Saint-Esprit dans la vie des gens? Comment l'expérience de Dieu, lors de la lecture des Écritures, peut-elle contribuer aux croyances, aux valeurs et aux pratiques théologiques de chacun?

Bien que l'Écriture puisse servir à de multiples fins, pourquoi Wesley s'est-il autant concentré sur son objectif sotériologique (c'est-à-dire le salut)?

Comment comprenez-vous l'"ordre du salut" (lat., *ordo salutis*)? L'ordre du salut de Wesley est-il utile? Quelles sont les forces et les faiblesses des descriptions d'un ordre du salut?

Comment la compréhension wesleyenne de l'Écriture, de la tradition, de la raison et de l'expérience se compare-t-elle à l'affirmation de la *sola Scriptura* par la Réforme continentale? Quels sont les points forts et les points faibles de chaque compréhension?

Notes

1*Journal* (Curnock ed.), 2:226, 22 June 1739.

2"To James Hervey," 20 March 1739, *Letters* (Telford ed.), 1:285.

3"To John Dickins," 26 December 1789, *Letters* (Telford ed.), 8:192.

4Preface, §9, "Sermons on Several Occasions," *Works* (Bicentennial ed.), 1:107.

6"The Case of Reason Impartially Considered" (1781, sermon 70), I.

7*Works* (Bicentennial ed.), 2:591.

8"The Case of Reason Impartially Considered," 2:591–92.

9Preface, §5, "Sermons on Several Occasions," *Works* (Bicentennial ed.), 1:105.

102 Tim. 3:16, *Notes upon the New Testament*, 794.

11"To Thomas Whitehead (?)," 10 February 1748, *Letters* (Telford ed.), 2:117.

12Comparez les commentaires de Wesley sur 2 Timothée 3:16 dans les *Notes upon the New Testament*, 794, avec les formulaires anglicans concernant "Les Écritures" dans les articles VI–VII des Trente–neuf Articles de Philip Schaff, Philip Schaff, *The Creeds of Christendom* (New York: Harper & Brothers, 1919), 1:592–649, 3:486–516; and Edward J. Bicknell, *A Theological Introduction to the Thirty–nine Articles of the Church of England* (London: Longman, 1919), 128–46.

13"The Character of a Methodist," §1, *Works* (Jackson ed.), 8:340.

14"The Character of a Methodist," §1, *Works* (Jackson ed.), 8:340.

[15]"A Clear and Concise Demonstration of the Divine Inspiration of the Holy Scriptures," *Works* (Jackson ed.), 11:484.

[16]"A Clear and Concise Demonstration of the Divine Inspiration of the Holy Scriptures," *Works* (Jackson ed.), 11:484.

[17]"On Faith, Heb. 11:6" (1788, sermon 106), I.8, *Works* (Bicentennial ed.), 3:496. Cf. discussions connexes sur la proximité théologique de Wesley avec le protestantisme classique dans R. Larry Shelton, "John Wesley's Approach to Scripture in Historical Perspective," *Wesleyan Theological Journal* 16, no. 1 (1981): 37–38; and Colin Williams, *John Wesley's Theology Today* (New York: Abingdon, 1960), 26, 37.

[18]"On Working Out Our Own Salvation" (1785, sermon 85), II.4, *Works* (Bicentennial ed.), 3:205.

[19]Harald Lindström, *Wesley and Sanctification* (1980; Grand Rapids: Zondervan, 1983), 113; cf. 105–119.

[20]En opposition au livre de Soame Jenyns intitulé *Internal Evidence of the Christian Religion,* dans lequel Jenyns niait que toute l'Écriture soit inspirée de Dieu, Wesley déclara: "Non, s'il y a des erreurs dans la Bible, autant en avoir mille. S'il y a une seule fausseté dans ce livre, elle n'est pas venue pour le Dieu de vérité." *Journal* (Curnock ed., 6:117, 24 August 1776). Cf. *Standard Sermons* (Sugden ed.), 1:249–50: "Toute l'Écriture est infailliblement vraie."

John Alfred Faulkner soutient que le mouvement méthodiste "était sotériologique, et non pas théologique au sens strict. Il s'est tourné vers Dieu, le Christ et l'Esprit par la voie du salut"; voir

Modernism and the Christian Faith (New York: Methodist Book Concern, 1921), 220.

[21]Albert C. Outler, ed., *John Wesley* (New York: Oxford University Press, 1980), 28n101.

[22]"Minutes of Several Conversations," Q.32, *Works* (Jackson ed.), 8:315.

CHAPITRE 6
ÉCRITURE, PARTIE 2:
INTERPRÉTATION DES ÉCRITURES

Wesley n'interprétait pas les Écritures de manière simpliste, ni ne les appliquait de manière légaliste ou fondée sur des preuves. Son approche des Écritures émanait d'une compréhension holistique et d'une confiance en leur capacité à "vous rendre sage" pour le salut et une vie sainte.[1] Wesley n'était peut-être pas un exégète professionnel, mais il était capable de saisir une compréhension gestaltiste ou holistique des vérités chrétiennes qui dépassait ses connaissances. Il semblait capable de saisir et de communiquer le caractère vital et dynamique de la foi chrétienne, qui imprégnait chaque aspect de la vie d'une personne. Parallèlement, Wesley cherchait à intégrer son contenu conceptuel à la trame de sa théologie et de son ministère.

Il ne faut pas s'attendre à trouver chez Wesley une compréhension hautement conceptualisée et professionnelle de l'interprétation des Écritures. Bien que les chrétiens aient souvent réfléchi à l'herméneutique (principes d'interprétation) depuis les temps patristiques, et bien que les premières critiques historiques aient débuté un siècle avant Wesley, ce dernier a précédé la plupart des questions historico-critiques du XIXe siècle et des siècles suivants.

Dans le contexte anglican de Wesley, il n'était pas urgent de développer une apologétique de sa doctrine des Écritures ou une herméneutique biblique. De ce fait, nous ne pouvons déterminer de manière définitive comment Wesley aurait pu répondre aux nombreuses questions historico-critiques qui continuent de nous interpeller aujourd'hui. Par exemple, Wesley n'a pas abordé les questions d'authenticité biblique, de chronologie, d'auteur, etc. Pourtant, il n'a pas ignoré les passages difficiles des Écritures comme si de rien n'était. Il a reconnu que

tous les peuples ont du mal à comprendre les mystères de la religion révélée à cause de "notre ignorance et de notre incapacité à sonder ses conseils [de Dieu]".[2]

Par exemple, Wesley a envisagé la possibilité que le savoir religieux, transmis par Noé, ses enfants et leurs petits-enfants, ait pu être influencé par l'ajout d'innombrables fables, c'est-à-dire de récits ajoutés à des récits antérieurs. Il a déclaré:

On peut également raisonnablement supposer que certaines traces de connaissance, concernant le monde invisible et le monde éternel, furent transmises par Noé et ses enfants à leurs descendants immédiats et lointains. Et bien que ces traces aient été obscurcies ou dissimulées par l'ajout d'innombrables fables, une part de vérité s'y mêlait encore, et ces lueurs de lumière empêchaient l'obscurité totale.[3]

Bien que Wesley n'ait pas spéculé sur l'influence de ces "fables" (ou sagas, mythes) sur les Écritures, il a admis qu'une grande prudence était de mise dans l'interprétation des genres ainsi que des contextes historiques et littéraires des passages bibliques. Wesley comprenait que les chrétiens devaient être conscients des aspects contextuels des textes bibliques et en tenir compte pour discerner le sens des Écritures.

Gerald Cragg confirme que "Wesley n'était pas un littéraliste servile, car il "invoquait la raison, la tradition et l'expérience pour clarifier le sens de passages obscurs"".[4] D'autres chercheurs sont du même avis. Edward Sugden commente: "Wesley était un critique, à la fois de haut niveau et de niveau inférieur, avant l'invention de ces termes si mal compris."[5] À l'appui de ce commentaire, Sugden cite la préface de Wesley aux *Notes upon the New Testament:*

> Ces diverses lectures qui ont pour elles une grande majorité de copies et de traductions anciennes, je les ai incorporées sans scrupule au texte, que j'ai divisé tout au long selon la matière qu'il contient.[6]

Sugden suggère en outre que, dans la préface de son commentaire sur le Livre de Josué, Wesley a exprimé presque exactement le point de vue critique moderne. Wesley a écrit:

> Il est probable qu'il s'agissait [de Josué à Esther] de recueils d'archives authentiques de la nation, rassemblés par certains prophètes sous la direction et l'aide divines. Il semble que le contenu de ces différentes histoires ait été écrit sous la direction divine, juste avant les événements, et mis longtemps après sous leur forme actuelle, peut-être par la même main.[7]

Wesley révèle ici une conscience des questions herméneutiques historiques et critiques qui ont pris de l'importance au cours des siècles suivants. Pourtant, Wesley était convaincu que les chrétiens ne devaient pas se dérober à ces questions, convaincus que la vérité divine est suffisamment révélée dans les Écritures.

Français Quant aux aspects parfois mystérieux de l'Écriture, Wesley a dit: "Même parmi nous qui sommes favorisés bien au-dessus de ceux-ci — à qui sont confiés les oracles de Dieu, dont la parole est une lanterne à nos pieds et une lumière sur tous nos sentiers — il y a encore de nombreuses circonstances dans ses dispensations qui sont au-dessus de notre compréhension."[8] Posséder l'Écriture ne garantissait pas en soi une compréhension complète de la vérité de Dieu, bien que Wesley la considérait comme suffisante pour conduire les gens au salut et fournir des lignes directrices pour une vie sainte.

Pour Wesley, il fallait discerner l'"esprit" et la "lettre" des Écritures, car leurs enseignements avaient un but: sauver les hommes et promouvoir la sainteté et l'amour. Des érudits comme Mildred Bangs Wynkoop, par exemple, ont décrit l'"amour" comme l'herméneutique missiologique qui sous-tend l'interprétation biblique de Wesley.[9] Larry Shelton partage globalement cet avis, concédant que l'"amour" motive l'examen des Écritures par Wesley. Cependant, Shelton développe plus précisément l'interprétation biblique de Wesley, affirmant que "sa méthodologie est principalement inductive, historico-littérale et sotériologique".[10]

Méthode inductive

Le caractère inductif de la méthode théologique de Wesley s'étend à son interprétation des Écritures, et Shelton apporte un éclairage précieux sur la manière dont Wesley abordait les questions herméneutiques.

Tout d'abord, Shelton observe que dans la préface des Notes sur l'Ancien Testament, Wesley a développé les caractéristiques inductives de son approche de l'étude des Écritures.[11] À la fin de sa préface, Wesley a résumé six étapes dévotionnelles pour l'étude des Écritures:

Si vous désirez lire les Écritures de la manière la plus efficace pour atteindre ce but (comprendre les choses de Dieu), ne serait-il pas judicieux (1) de consacrer un peu de temps, si possible, chaque matin et chaque soir à cet effet; (2) de lire à chaque fois, si vous en avez le loisir, un chapitre de l'Ancien et un chapitre du Nouveau Testament; si vous ne pouvez pas, d'en choisir un seul ou une partie; (3) de lire ceci d'un seul œil pour connaître toute la volonté de Dieu et la ferme résolution de l'accomplir? Pour connaître sa volonté, vous devriez (4) garder constamment à l'esprit l'analogie de la foi, le lien et l'harmonie qui existent entre ces grandes doctrines fondamentales: le péché originel, la justification par la foi, la nouvelle naissance, la sainteté intérieure et extérieure. (5) Il faut constamment prier avec ferveur et zèle avant de consulter les oracles de Dieu, car "l'Écriture ne peut être comprise que par le même Esprit par lequel elle a été donnée"... (6) Il pourrait également être utile que, pendant que nous lisons, nous nous arrêtions fréquemment et nous examinions par ce que nous lisons.[12]

Ces suggestions visaient à préparer les chrétiens à une étude plus sérieuse et approfondie des Écritures, reconnaissant l'importance de l'interprétation des Écritures dans le contexte de la prière et de l'application de leurs connaissances à la vie. Mais même sur le plan dévotionnel, Wesley tenait à ce que les chrétiens étudient les Écritures par eux-mêmes, par induction.

Deuxièmement, Shelton observe que Wesley a d'abord mis l'accent sur la priorité du sens littéral de l'Écriture. Il affirme que Wesley ne prônait pas le littéralisme en soi, mais la méthode suivie par Luther et les autres Réformateurs, selon laquelle le sens allégorique de l'Écriture était corrigé par "la grammaire et la syntaxe simples qui donnent le sens de toute affirmation sans recourir à des spiritualisations ésotériques".[13] En corollaire des méthodes historiques et exégétiques d'interprétation biblique, Shelton souligne que Wesley a utilisé ce qu'il a décrit comme l'analogie de la foi, par laquelle "il entend les thèmes généraux de la Bible tels qu'ils sont correctement interprétés".[14] De même, Outler décrit l'utilisation par Wesley de l'analogie de la foi comme "la perception de l'ensemble", par laquelle un interprète de l'Écriture est capable de saisir une compréhension gestaltiste des vérités de l'Écriture qui remplace une dépendance servile aux mots littéraux.[15]

Dans un autre commentaire sur l'herméneutique wesleyenne, William Arnett distille six règles générales d'interprétation des Écritures caractéristiques de Wesley. Bien que nous ayons déjà examiné la substance de ces règles dans notre discussion précédente, Arnett en fournit un résumé utile:

> Tout d'abord, le sens littéral est souligné.
>
> Deuxièmement, Wesley insiste sur l'importance du contexte.
>
> Troisièmement, il est important de comparer les Écritures.

Quatrièmement, Wesley souligne l'importance de l'expérience chrétienne dans l'interprétation des Écritures... L'expérience chrétienne a à la fois une valeur confirmative et corrective.

Cinquièmement, la raison doit être utilisée comme "la servante de la foi, la servante de la révélation".

Enfin, nous observons la règle du "pratique". Wesley était dans une large mesure un apôtre des gens simples et illettrés. Il cherchait donc à éliminer le raffinement, l'élégance et l'éloquence.[16]

Ce qu'il faut retenir de la méthode (ou des règles, principes) d'interprétation biblique de Wesley, c'est son ouverture à explorer des interprétations autres que le sens simple et littéral de tout texte. Wesley s'est montré disposé à explorer des interprétations alternatives lorsque le texte ou les preuves bibliques paraissent "contraires à d'autres textes", "obscurs" ou "impliquent une absurdité".[17]

Arnett souligne utilement le souci de Wesley d'interpréter l'Écriture dans son contexte. Par exemple, Wesley souhaitait connaître le genre particulier d'un texte: était-il narratif? historique? parabole? épître? poème? hymne? De même, Wesley souhaitait connaître le contexte historique et littéraire particulier d'un texte: comment la connaissance historique d'un texte particulier nous aide-t-elle à en comprendre le sens? Comment la connaissance littéraire d'un texte particulier nous aide-t-elle également à en comprendre le sens?

Enfin, Shelton souligne l'accent sotériologique qui transparaît dans les écrits de Wesley, un accent motivé par ce que Wynkoop décrit comme l'herméneutique wesleyenne de l'amour. Shelton soutient que "l'approche fondamentale de Wesley en matière d'interprétation et d'autorité des Écritures s'inscrit solidement dans la tradition interprétative historico-littérale, patristique et réformiste".[18] Considérant que la foi et le salut "incluent la substance de toute la Bible, la moelle, pour ainsi dire, de toute l'Écriture",[19] Wesley a organisé l'ensemble de ses recherches théologiques autour du thème central du salut – conçu de manière holistique – qui était la raison d'être du mouvement méthodiste.

Importance du contexte

Pour interpréter les Écritures, Wesley commença par étudier le contexte des textes bibliques eux-mêmes. Bien qu'il ne se soit pas intéressé aux questions critiques supérieures qui prédominaient au XIXe siècle, Wesley comprit la nécessité d'interpréter les Écritures au-delà de leur sens littéral. L'herméneutique impliquait l'étude du contexte biblique environnant. Wesley lançait cet avertissement:

> Tout passage est facilement dénaturé s'il est récité isolément, sans aucun des versets précédents ou suivants. Ainsi, il peut souvent sembler avoir un sens, alors qu'il apparaît clairement, en observant ce qui précède et ce qui suit, qu'il a en réalité le contraire.[20]

Les passages des Écritures doivent être examinés à la lumière des autres passages afin d'en clarifier le sens global. Comme le disait Wesley: "La meilleure façon de le comprendre est donc de comparer soigneusement les Écritures entre elles, et ainsi d'en saisir le véritable sens."[21] Dans "Discours au clergé", Wesley ajoutait: "Tout aussi nécessaire est la connaissance des Écritures, qui nous apprennent à enseigner aux autres; oui, la connaissance de toutes les Écritures; car l'Écriture interprète l'Écriture; une partie fixe le sens d'une autre."[22]

Outre l'analogie de la foi, Wesley s'appuyait sur l'expérience pour interpréter le contexte des Écritures. Il utilisait l'expérience – personnelle et sociale, historique et littéraire – pour confirmer et approfondir les vérités des Écritures. Il affirmait qu'il ne croirait même pas à l'interprétation littérale des Écritures sans la confirmation de l'expérience. Nous pouvons illustrer cela par une conversation entre Wesley et Peter Böhler:

> Lorsque je rencontrai à nouveau Peter Böhler, il consentit à porter la discussion sur le point que je souhaitais, à savoir l'Écriture et l'expérience. J'ai d'abord consulté l'Écriture. Mais lorsque je mis de côté les gloses humaines et que je me contentai de considérer les paroles de Dieu, les comparant entre elles, m'efforçant d' illustrer les passages obscurs par des passages plus clairs, je découvris qu'elles étaient toutes contre moi, et je fus contraint de me rétracter: "L'expérience ne s'accorderait jamais avec l'interprétation littérale de ces Écritures." Je ne pouvais donc pas admettre que cela soit vrai, tant que je n'en avais pas trouvé des témoins vivants.[23]

Par conséquent, Wesley croyait que les interprétations contestées des Écritures et les formulations ultérieures de doctrine pouvaient être "confirmées par votre expérience et la mienne".[24]

Puisqu'il attendait de l'expérience qu'elle confirme les Écritures, Wesley admettait également la possibilité qu'elle clarifie le sens des Écritures lorsqu'il est obscur ou, plus précisément, qu'elle éclaire notre interprétation. La compréhension biblique de l'entière sanctification par Wesley en est un excellent exemple. Certains spécialistes de Wesley suggèrent que sa doctrine de l'entière sanctification est née principalement de l'observation de l'expérience chrétienne de la grâce sanctifiante de Dieu dans leur vie. Bien sûr, l'observation de ces expériences confirmait ce que Wesley avait déjà constaté dans les Écritures. Rappelons que Wesley ne s'attendait pas à ce que l'expérience guidée par l'Esprit contredise jamais les Écritures. Il a donc étudié l'expérience, en particulier l'expérience religieuse, pour mieux comprendre et appliquer les Écritures.

Avec l'expérience, la raison a joué un rôle essentiel dans l'interprétation wesleyenne des Écritures. Pour Wesley, la raison facilite tout le processus de réflexion, sans lequel on ne pourrait espérer ni même commencer à interpréter les Écritures. La raison constitue un "don précieux de Dieu… [c'est] "la lampe du Seigneur", qu'il a fixée dans nos âmes pour d'excellentes desseins."[25] La nature pécheresse de l'humanité a peut-être effacé l'image morale de Dieu chez les individus, mais elle n'a pas complètement effacé leur image naturelle. La raison – y compris la logique et la compréhension – fonctionne comme une partie de cette image naturelle et est une capacité donnée par Dieu sur laquelle nous pouvons nous appuyer dans l'important processus d'interprétation des Écritures.

De plus, grâce à la raison, Dieu "nous permet, dans une certaine mesure, de comprendre sa manière d'agir envers les enfants des hommes".[26] La raison nous guide dans la compréhension et la réponse apologétique aux idées chrétiennes importantes concernant la repentance, la foi, la justification, la nouvelle naissance et la sainteté. Soulignant la fiabilité de la raison, Wesley a déclaré:

> Dans tous ces domaines, et dans tous les devoirs de la vie courante, Dieu nous a donné la raison comme guide. Et ce n'est qu'en agissant selon ses préceptes, en utilisant toute l'intelligence que Dieu nous a donnée, que nous pouvons avoir une conscience exempte de toute offense envers Dieu et envers les hommes.[27]

En tant que tels, les chrétiens ne devraient pas "mépriser ou sous-estimer la raison, la connaissance ou l'apprentissage humain".[28] Au contraire, les chrétiens peuvent utiliser avec profit la raison, la logique et d'autres aspects de la pensée critique dans leurs investigations bibliques et théologiques, pour l'apologétique ainsi que pour interpréter correctement les paroles de Dieu dans les Écritures.

L'ouverture de Wesley à tous les prétendants historiques à l'autorité religieuse démontre que le caractère inductif de sa méthode théologique s'étendait au-delà de la théologie pour inclure l'herméneutique biblique. En reconnaissant les caractéristiques inductives de ses études bibliques, nous comprenons mieux l'omniprésence et la cohérence de l'utilisation par Wesley d'une méthodologie similaire dans son approche de la théologie dans son ensemble.

Questions de discussion

Que signifie commencer l'interprétation des Écritures en recherchant leur sens simple et littéral? Pourquoi un sens simple et littéral est-il parfois la pire façon d'interpréter un passage biblique?

De quelles manières trouvez-vous les six étapes dévotionnelles de Wesley utiles pour aborder votre lecture et votre étude des Écritures?

Comment une approche inductive de l'étude des Écritures permet-elle aux individus de déterminer par eux-mêmes ce que disent les textes bibliques? Le résumé d'Arnett permet-il de comprendre la manière dont Wesley interprétait les Écritures?

Pourquoi est-il important d'étudier le contexte d'un passage biblique, en particulier son contexte plus large au sein d'un paragraphe, d'un chapitre ou d'un livre des Écritures? Pourquoi est-il important de laisser d'abord l'Écriture interpréter l'Écriture, c'est-à-dire de laisser d'autres parties de l'Écriture contribuer au processus d'interprétation?

Pourquoi est-il important de connaître le genre d'un passage biblique particulier, c'est-à-dire sa catégorie littéraire (par exemple, histoire, psaume, hymne, poème, parabole, épître)?

Pourquoi est-il important de connaître le contexte historique d'un passage biblique particulier (par exemple, qui, quoi, quand, où, comment, pourquoi) ou son contexte littéraire (par exemple, en comparaison avec des types de littérature similaires dans l'ancien Proche-Orient)?

Notes

¹Voir Wesley's quotations from 2 Timothy 3:15b in "The Means of Grace" (1746, sermon 16), III.8, *Works* (Bicentennial ed.), 1:388. Cf. "On Family Religion" (1783, sermon 94), III.16, *Works* (Bicentennial ed.), 3:344.

²"The Imperfection of Human Knowledge" (1784, sermon 69), III.2, *Works* (Bicentennial ed.), 2:583.

³"Walking by Sight and Walking by Faith" (1788, sermon 119), §9, *Works* (Jackson ed.), 7:258.

⁴Gerald R. Cragg, *Reason and Authority in the Eighteenth Century* (Cambridge: Cambridge University Press, 1964), 160.

⁵Edward H. Sugden, introduction, *John Wesley's Fifty-three Sermons*, ed. Edward H. Sugden (Nashville: Abingdon, 1983), 7.

⁶*Notes upon the New Testament*, §7, quoted by Sugden, *John Wesley's Fifty-three Sermons*, 7–8.

⁷Preface to the Book of Joshua, *Notes upon the Old Testament*, 1:701.

⁸"The Imperfection of Human Knowledge" (1784, sermon 69), III.2, *Works* (Bicentennial ed.), 2:583.

⁹Mildred Bangs Wynkoop, "A Hermeneutical Approach to John Wesley," *Wesleyan Theological Journal* 6, no. 1 (1971): 21. Cf. le chapitre de Wynkoop sur "A Hermeneutical Approach to Wesley" dans son livre "A Hermeneutical Approach to Wesley" in *Theology of Love* (Kansas City: Beacon Hill, 1972), 76–101.

¹⁰R. Larry Shelton propose un résumé utile de l'herméneutique biblique de Wesley dans l'article "John Wesley's Approach to Scripture in Historical Perspective," *Wesleyan Theological Journal* 16, no. 1

(1981): 41. Cf. preface, *Notes upon the Old Testament*, l:i–ix, and preface, §5, *Works* (Bicentennial ed.), 1:105–6.

[11]Shelton, "John Wesley's Approach to Scripture," 41.

[12]Preface, *Notes upon the Old Testament*, 1

[13]Shelton, "John Wesley's Approach to Scripture,"42. Cf. discussion of "literal interpretation" in Elliott E. Johnson, *Expository Hermeneutics: An Introduction* (Grand Rapids: Zondervan, 1990), esp. 9–11, 31–38, 87–96.

[14]Shelton, "John Wesley's Approach to Scripture," 42. À titre d'exemple, Wesley pourrait faire appel aux doctrines historiques du péché originel, de la justification par la foi, de la nouvelle naissance et de la sainteté intérieure et extérieure afin d'interpréter des passages difficiles de l'Écriture.

[15]Outler décrit Wesley comme ayant "deux principes herméneutiques. Le premier est que l'Écriture est son propre meilleur interprète; ainsi, "l'analogie de la foi" (c'est-à-dire le sens que l'on a du tout) devrait guider l'exégèse de chaque partie… Le second est que l'on commence toujours par une traduction littérale et que l'on s'y tient, sauf si elle conduit à une absurdité manifeste; auquel cas, l'analogie et même l'allégorie deviennent des options admissibles"; voir *Works* (Bicentennial ed.), 1:473n22.

[16]Ces six règles résument l'étude d'Arnett sur l'approche wesleyenne de l'interprétation des Écritures. Voir William M. Arnett, "John Wesley — Man of One Book" (Diss., University Drew, 1954), 89-96. La citation de la règle cinq est tirée de William R. Cannon, *Theology of John Wesley* (New York: Abingdon, 1946), 159.

[17]Citations tirées de la lettre "To Samuel Furly," 10 May 1755, *Letters* (Telford ed.), 3:129, and "Of the Church" (1785, sermon 74), I.12, *Works* (Bicentennial ed.), 3:51.

[18]Shelton, "John Wesley's Approach to Scripture," 42.

[19]"The Scripture Way of Salvation" (1765, sermon 43), §2, *Works* (Bicentennial ed.), 2:156.

[20]"On Corrupting the Word of God" (1727, sermon 137), *Works* (Jackson ed.), 7:470.

[21]"Popery Calmly Considered," 1.6, *Works* (Jackson ed.), 10:142.

[22]"An Address to the Clergy," 1.2, *Works* (Jackson ed.), 10:482.

[23]*Journal* (Curnock ed.), 1:471–72, §12, 24 May 1738.

[24]"The Witness of the Spirit, II" (1767, sermon 11), III.6, *Works* (Bicentennial ed.), 1:290.

[25]"The Case of Reason Impartially Considered" (1781, sermon 70), II.10, *Works* (Bicentennial ed.), 2:599. Outler note que l'utilisation par Wesley de la citation de Proverbes 20:27 reflète un slogan des platoniciens de Cambridge (Bicentennial ed.), 2:599n58.

[26]"The Case of Reason Impartially Considered" (1781, sermon 70), 1.6, *Works* (Bicentennial ed.), 2:592.

[27]"The Case of Reason Impartially Considered" (1781, sermon 70), 1.6, *Works* (Bicentennial ed.), 2:592.

[28]"A Plain Account of Christian Perfection,"§25, *Works* (Jackson ed.), 11:429.

CHAPITRE 7
TRADITION: "NUAGE DE TÉMOINS"

John Wesley a réservé une place particulière à la tradition chrétienne dans la formulation de ses écrits théologiques et ministériels. Bien qu'il ait vécu à une époque de défiance croissante envers l'autorité de la tradition chrétienne et des Églises institutionnelles, Wesley a affirmé sa nécessité pour la méthode théologique. Dans la préface de la première édition complète de ses œuvres (1771-1774), Wesley a énoncé l'objectif de cette édition: "Je présente à des hommes sérieux et sincères mes dernières et plus mûres pensées, conformes, je l'espère, à l'Écriture, à la raison et à l'antiquité chrétienne."[1] Par "antiquité chrétienne", Wesley désignait principalement "la religion de l'Église primitive, de l'Église tout entière aux âges les plus purs".[2] Il a expliqué "la religion de l'Église primitive" ainsi:

> Elle s'exprime clairement même dans les rares témoignages de Clément Romain, d'Ignace et de Polycarpe. On la retrouve plus largement dans les écrits de Tertullien, d'Origène, de Clément d'Alexandrie et de Cyprien. Et même au IVe siècle, on la retrouve dans les œuvres de Chrysostome, de Basile, d'Éphrem Syrus et de Macaire. Il serait facile de produire une multitude de témoins attestant la même chose, si ce point n'était contesté

par personne, même s'il est un tant soit peu familier avec l'Antiquité chrétienne.[3]

Dans la citation mentionnée ci-dessus, Wesley fait allusion à Hébreux 12:1, qui célèbre la "nuée" d'ancêtres religieux – juifs et chrétiens – qui ont contribué au développement de l'Église. Wesley a également honoré ceux qui ont contribué au développement historique de l'Église, depuis l'Antiquité chrétienne jusqu'aux témoins contemporains de l'Évangile de Jésus-Christ.

Tradition orthodoxe du méthodisme

Wesley souhaitait que sa théologie et le mouvement méthodiste soient replacés dans le contexte de cette tradition chrétienne, qui représentait le plus fidèlement la véritable foi scripturale. Dans son sermon "Sur la pose des fondations de la nouvelle chapelle", Wesley a placé le méthodisme dans la succession orthodoxe du christianisme historique, reflétant les récits les plus anciens de l'interaction de Dieu avec les hommes. Cette religion primitive, ou "vieille", précédait la "religion de la Bible"; elle se composait de

> rien d'autre que l'amour: l'amour de Dieu et de toute l'humanité; aimer Dieu de tout notre cœur, de toute notre âme et de toute notre force, comme nous ayant aimés le premier, comme la source de tout le bien que nous avons reçu et de tout ce dont nous espérons jamais jouir; et aimer chaque âme que Dieu a créée, chaque homme sur terre, comme notre propre âme.[4]

L'ancienne religion – ou ce que Wesley appelait ailleurs la religion du cœur – peut se résumer par cette "seule et complète requête: "Purifie les pensées de nos cœurs par l'inspiration de ton Saint-Esprit, afin que nous puissions t'aimer parfaitement et glorifier dignement ton saint nom""".[5] Ces mots décrivaient l'essence de l'interaction de Dieu avec les hommes tout au long de l'histoire du monde. Wesley pensait que le christianisme véritable et authentique pouvait être retracé tout au long de l'histoire du monde et que, de fait, le méthodisme était la manifestation la plus récente de l'ancienne religion.[6]

Bien que la version abrégée de l'histoire de l'Église orthodoxe de Wesley fût favorable à la tradition anglicane et au mouvement méthodiste, elle révèle sa compréhension de la religion et son souci d'identifier d'autres manifestations du véritable christianisme scripturaire. Il considérait que l'étude de l'histoire de l'Église était utile pour comprendre, apprécier et, finalement, découvrir toutes les vérités spirituelles de la vie. Le schéma suivant reflète la compréhension de Wesley de la généalogie de la vraie religion:

"Ancienne religion" ↓
Religion de la Bible ↓
Religion de l'Église primitive ↓
Religion de l'Église d'Angleterre ↓
méthodisme

Wesley a clairement montré que l'histoire de la tradition chrétienne joue un rôle essentiel tant dans l'interprétation des Écritures que dans le développement des croyances, valeurs et pratiques religieuses fondamentales. Il a certes affirmé l'autorité religieuse primordiale des Écritures. Cependant, en lisant les Écritures, Wesley a constaté que le doute peut facilement surgir face à des passages apparemment obscurs ou complexes. Dans de tels cas, nous devons utiliser des procédures herméneutiques pertinentes pour une interprétation correcte, notamment en faisant appel aux interprétations traditionnelles du texte par l'Église. Wesley a déclaré:

> S'il subsiste un doute, je consulte ceux qui ont de l'expérience dans les choses de Dieu, puis les écrits par lesquels, étant morts, ils parlent encore. Et ce que j'apprends ainsi, je l'enseigne.[7]

Certaines traditions ecclésiastiques, certes pas toutes, contiennent à la fois la connaissance biblique et la sagesse pratique de chrétiens qui ont fait l'expérience de la véritable religion du cœur que Wesley espérait raviver dans toute la Grande-Bretagne. Des écrits historiques soigneusement choisis ont fourni à Wesley une autorité religieuse extrabiblique inestimable pour éclairer théologiquement sa vie personnelle et son ministère. Ces écrits pouvaient confirmer le véritable christianisme et fournir un enseignement substantiel sur des questions non spécifiquement abordées par les Écritures.

Malgré l'importance de la tradition, Wesley ne la considérait certainement pas comme inspirée ou infaillible. Par exemple, malgré son grand respect pour les premiers Pères de l'Église, Wesley estimait qu'ils avaient commis "de nombreuses erreurs, formulé de nombreuses suppositions faibles et tiré de nombreuses conclusions maladroites".[8] C'est pourquoi il était très prudent dans le choix et l'application de la tradition ecclésiastique.

Esprit de catholicité

La "Lettre à un catholique romain" ouverte de Wesley prouve qu'il possédait un esprit de catholicité (ou d'universalité) et d'œcuménisme religieux peu commun à son époque. Il autorisait une grande flexibilité théologique et choisissait de ne pas ergoter sur des opinions divergentes concernant des aspects non essentiels de la foi chrétienne. Dans cette lettre, Wesley cherchait à parvenir à une certaine réconciliation avec les catholiques romains, appelant à la compréhension et à l'acceptation mutuelles sans compromettre les croyances orthodoxes essentielles. Wesley déclarait:

> Ne sommes-nous pas d'accord sur ce point [concernant le "vrai christianisme primitif"]? Remercions Dieu pour cela et recevons-le comme un nouveau témoignage de son amour. Mais si Dieu nous aime encore, nous devons aussi nous aimer les uns les autres. Nous devons, sans ces interminables disputes d'opinions, nous inciter mutuellement à l'amour et aux bonnes œuvres. Laissons de côté nos divergences; nous avons ici suffisamment de points d'accord, suffisamment pour fonder tout esprit chrétien et toute action chrétienne.[9]

Certes, Wesley était en désaccord avec certains aspects de la doctrine catholique romaine. Mais il promettait de passer outre ces objections tant que les gens accepteraient les doctrines orthodoxes établies par les conciles œcuméniques de l'Antiquité et qu'ils s'"inciteraient mutuellement à l'amour et aux bonnes œuvres".[10]

Wesley a qualifié positivement la libéralité doctrinale de la discipline méthodiste de singularité parmi les chrétiens. Vers la fin de sa vie, Wesley a déclaré que l'amour exigeait des méthodistes qu'ils acceptent dans leur communauté ceux qui aimaient aussi Dieu, quelle que soit leur appartenance chrétienne, pourvu qu'ils s'efforcent de "craindre Dieu et d'accomplir la justice". Wesley a déclaré:

> Et pour qu'ils s'unissent à nous, nous n'exigeons aucune unité d'opinions ni de culte, mais simplement qu'ils "craignent Dieu et pratiquent la justice", comme cela a été observé. Or, c'est une nouveauté absolue, inédite dans aucune autre communauté chrétienne. Dans quelle autre Église ou congrégation, dans le monde chrétien, des membres peuvent-ils être admis à ces conditions, sans conditions? Indiquez-en une, si vous le pouvez: je n'en connais aucune en Europe, en Asie, en Afrique ou en Amérique ! C'est la gloire des méthodistes, et d'eux seuls![11]

Wesley considérait cette libéralité non seulement comme unique, mais aussi comme essentielle à ses espoirs de plus grande coopération chrétienne dans le ministère et d'unité entre les Églises. L'expression "Nous pensons et laissons penser" est une expression que Wesley utilisa souvent, à partir de 1745, pour décrire la libéralité théologique des méthodistes.[12] Ce souci précoce d'ouverture d'esprit religieuse se poursuivit tout au long de sa vie et de son ministère.

Malheureusement, l'expression "Nous pensons et laissons penser" est souvent mal comprise et mal utilisée par les interprètes contemporains de Wesley. Il appliquait ces mots aux opinions théologiques, c'est-à-dire aux croyances religieuses pouvant être considérées comme non essentielles à l'orthodoxie chrétienne. Wesley distinguait entre ce qu'il considérait comme des doctrines essentielles et non essentielles, à l'instar de Luther et de Philippe Melanchthon qui avaient autorisé l'adiaphora – des choses ni commandées ni interdites par les Écritures, qui pouvaient donc être décidées dans l'Église par accord mutuel des membres.[13] Après avoir distingué l'essentiel du non-essentiel, Wesley prônait ensuite la libéralité pour les doctrines non essentielles.

Le degré inhabituel de liberté dont Wesley faisait preuve pour accepter la diversité ou la pluralité dans les choses non essentielles provenait, selon lui, de l'infusion divine d'un "esprit catholique" et d'un "amour universel" envers tous les chrétiens.[14] Wesley a déclaré:

"Si c'est le cas, donne-moi la main." Je ne veux pas dire: "Sois de mon avis." Tu n'en as pas besoin. Je ne l'attends pas et ne le désire pas. Je ne veux pas non plus dire: "Je serai de ton avis." Je ne le peux pas. Cela ne dépend pas de mon choix. Je ne peux pas plus penser que voir ou entendre à ma guise. Garde ton opinion, moi la mienne; et cela aussi fermement que jamais. Tu n'as même pas besoin d'essayer de me rejoindre ou de me faire rejoindre. Je ne désire pas que tu discutes ces points, ni que tu entendes ou dise un mot à leur sujet. Laisse toutes les opinions de côté. Seulement: "Donne-moi la main."[15]

Pourtant, Wesley défendit avec véhémence son héritage historique et anglican, et mit en garde ceux qui, selon lui, avaient transformé plutôt que traduit la substance de l'orthodoxie chrétienne classique. Outler note:

Cependant, conclure de tout cela que Wesley était indifférent aux questions liées à la saine doctrine serait le mal comprendre. Il avait une vision claire de l'hérésie comme déviation du cœur de la "révélation permanente"; et il n'hésitait pas à dénoncer les opinions qui menaçaient ce cœur. Si le méthodisme peut être accusé à juste titre d'indifférentisme théologique, cela n'a aucun fondement valable chez Wesley lui-même.[16]

Discerner les traditions

Plusieurs facteurs contribuent à discerner la véritable tradition parmi les nombreux courants de l'histoire de l'Église. Mais Wesley s'appuyait principalement sur ce qu'il appelait le grand principe du christianisme. Il disait:

> J'affirme ceci comme une vérité incontestable: plus la doctrine d'une Église est en accord avec l'Écriture, plus elle doit être accueillie avec empressement. Et, d'un autre côté, plus la doctrine d'une Église diffère de l'Écriture, plus nous avons de raisons d'en douter.[17]

L'Écriture est restée la principale autorité religieuse permettant de discerner les croyances, les valeurs et les pratiques chrétiennes. Wesley n'a jamais considéré la tradition comme ayant la même autorité que l'Écriture. La tradition s'est avérée utile dans la mesure où elle témoignait de l'autorité canonique de l'Ancien et du Nouveau Testament et de la manière dont elle interprétait, communiquait et appliquait fidèlement le contenu du message de l'Évangile.

Wesley considérait la tradition comme un ensemble inégal d'autorité religieuse – et cette inégalité explique pourquoi l'Écriture doit toujours rester primordiale. Il ne considérait pas l'Écriture comme inégale; elle faisait autorité de manière fiable et constante. En utilisant l'Écriture comme principe fondamental, ou critère de mesure, pour évaluer la fiabilité de la tradition, on pouvait s'y référer avec assurance.

Lorsque le sens d'une idée tirée de l'Écriture semblait flou, Wesley croyait que l'utilisation de la tradition pouvait aider à "l'explication d'une doctrine qui n'est pas suffisamment expliquée, ou à la confirmation d'une doctrine généralement reçue".[18] La tradition fournit, disait-il, un sens ou une signification plénier aux croyances chrétiennes que l'Écriture seule ne fournit pas.

Elle offre des conceptions plus mûres et plus développées des vérités scripturales, qui ne peuvent naître que d'expériences vécues et d'une réflexion approfondie sur celles-ci. Une interprétation complète des Écritures enrichit et éclaire le sens d'un texte, à condition de ne pas contredire l'intention originelle de l'Écriture. Après tout, l'orthodoxie classique est censée ramener les gens à l'Écriture – dans la plénitude de son message – plutôt que de s'en éloigner.

Apprendre des autres traditions

Wesley s'inspirait avec discernement d'autres traditions ecclésiastiques, outre l'Antiquité chrétienne qu'il privilégiait et l'Église d'Angleterre. Tant que ces autres traditions respectaient son grand principe d'orthodoxie biblique, il se sentait libre de s'inspirer de tout auteur ou de toute tradition religieuse susceptible d'éclairer sa compréhension théologique et son mode de vie chrétien. En pratique, Wesley s'inspirait de diverses traditions religieuses.

La synthèse que Wesley fit de diverses traditions dans une perspective théologique synergique témoigne de sa confiance dans la cohérence et la cohérence globales de sa théologie. Il ne voyait aucune contradiction à s'inspirer de diverses traditions chrétiennes, pourvu qu'elles reflètent fondamentalement les Écritures. De son point de vue, une plus grande gestalt théologique pouvait être atteinte en ne se montrant pas provincial ou prédisposé quant aux sources religieuses jugées acceptables ou dignes d'intérêt.

On peut considérer Wesley comme le synthétiseur théologique par excellence du XVIIIe siècle. S'inscrivant pleinement dans l'héritage anglican, soucieux d'offrir une voie de communication entre les théologies concurrentes, Wesley se trouvait, deux siècles après la Réforme, dans une position historiquement stratégique pour réunir le meilleur des théologies catholique, orthodoxe et protestante. Il pouvait non seulement réunir Écriture, tradition et raison conformément à la méthodologie anglicane, mais aussi faire appel à l'expérience chrétienne, telle qu'elle se retrouve, par exemple, dans l'esprit catholique d'amour universel, comme fil conducteur entre les vrais croyants. Il lui semblait à la fois réalisable et nécessaire de combiner les diverses traditions du christianisme en un tout plus biblique et plus convaincant.

Pour comprendre Wesley, nous pouvons comparer la croissance du christianisme à la croissance systémique d'un arbre. L'arbre de la foi puise ses racines dans diverses sources de nourriture, notamment les Écritures, la tradition, la raison et l'expérience. À mesure que l'arbre grandit, il se ramifie en variantes du noyau essentiel des croyances chrétiennes – l'Église primitive, la forme la plus ancienne et la plus fondamentale de la foi – qui constitue son tronc. La croissance de l'arbre, cependant, n'est pas entièrement prévisible. À mesure que des branches émergent du tronc, celui-ci continue de croître et de s'élargir au fil du temps. La croissance de l'arbre dépend non seulement de la nutrition continue des racines, mais aussi de l'énergie tirée des branches (et des feuilles). Par conséquent, ces branches ne doivent pas être ignorées simplement parce que leur configuration ne nous plaît pas. Tant qu'une branche ne tombe pas malade et n'empoisonne pas le reste de l'arbre, elle doit être considérée comme une partie de l'arbre et ses contributions à sa croissance globale doivent être valorisées. Dieu est le soleil, la source ultime de la croissance, bien sûr. Mais un arbre grandit à partir de divers nutriments, y compris l'eau vivifiante du Saint-Esprit, pour devenir une vie unique qui reflète son histoire distinctive ainsi que les modèles reconnaissables de croissance systémique des arbres.

Cette métaphore de l'arbre n'apparaît pas explicitement chez Wesley dans sa description de l'histoire de l'Église, mais elle a un parallèle biblique. L'apôtre Paul a dit: "J'ai semé la semence, Apollos l'a arrosée, mais Dieu l'a fait croître" (1 Corinthiens 3:6). Je pense que l'imagerie biblique nous aide à conceptualiser la compréhension wesleyenne de la croissance des chrétiens et des Églises au fil des siècles.

Pour accomplir une théologie via les médias, Wesley a refusé d'établir des normes doctrinales trop strictes, susceptibles de devenir trop complexes pour intégrer et interagir avec les véritables perspectives issues des différentes branches de la tradition chrétienne. Tout en évitant les tronquages systématiques de la théologie chrétienne, Wesley a tenté de fournir un contexte théologique et ecclésiastique propice à l'unité des véritables chrétiens, fidèles aux Écritures. L'intérêt des efforts de Wesley réside dans un esprit catholique et œcuménique qui favorise la coopération et les possibilités d'unité visible entre les diverses traditions chrétiennes.

Questions de discussion

Que comprenait Wesley par tradition? Comment concevait-il son autorité religieuse, notamment par rapport aux Écritures?

Comment la tradition ecclésiale a-t-elle influencé vos croyances, valeurs et pratiques chrétiennes? Que vous soyez affilié à une confession chrétienne ou à une église indépendante, vous avez un passé religieux, et devriez-vous donc en être conscient? Pourquoi?

Pourquoi était-il important pour Wesley de penser que l'histoire chrétienne (et de l'Église) suivait, dans l'ensemble, un passé identifiable, appelé orthodoxie? En quoi l'orthodoxie chrétienne est-elle utile et inutile?

Wesley prônait un esprit catholique (ou universel), qui appréciait ce qui pouvait être appris des autres chrétiens et des traditions de l'Église, et alors pourquoi un esprit catholique pourrait-il être important pour nous aujourd'hui?

Pourquoi est-il important de faire preuve de discernement lorsqu'il s'agit d'apprendre à connaître et d'évaluer d'autres traditions chrétiennes? Dans quelle mesure le "grand principe" de Wesley, qui consiste à considérer les croyances, les valeurs et les pratiques d'autrui à partir des Écritures, est-il utile, ou peut-être inutile, dans les relations avec autrui?

Selon vous, que pouvons-nous apprendre des autres traditions chrétiennes, y compris celles qui ne sont ni catholiques, ni orthodoxes, ni protestantes, ou encore des chrétiens d'autres pays? Que pensez-vous que vous puissiez apprendre, en particulier, des autres chrétiens?

Notes

¹Preface to the third edition, §4, *Works* (Jackson ed.), 1:iv.

²"On Laying the Foundation of the New Chapel" (1777, sermon 112), II.3, *Works* (Bicentennial ed.), 3:586.

³"On Laying the Foundation of the New Chapel" (1777, sermon 112), II.3, *Works* (Bicentennial ed.), 3:586.

⁴"An Earnest Appeal," §2, *Works* (Oxford ed.), 11:45, cité par Wesley dans "On Laying the Foundation of the New Chapel" (1777, sermon 112), II.1, *Works* (Bicentennial ed.), 3:585. Cf. "On Divine Providence" (1786, sermon 67), §18, *Works* (Bicentennial ed.), 2:543.

⁵Wesley cite ici la collecte de "L'Ordre pour l'administration de la Sainte Cène ou Sainte Communion" dans le *Livre de la Prière Commune* dans "On Laying the Foundation of the New Chapel" (1777, sermon 112), II.4, *Works* (Bicentennial ed.), 3:586. Cf. The Book of Common Prayer 1559, ed. John E. Booty (Charlottesville: University Press of Virginia, 1976), 248.

⁶Voir "On Laying the Foundation of the New Chapel" (1777, sermon 112), II.1-4, *Works* (Bicentennial ed.), 3:585–86.

⁷Preface, §5, "Sermons on Several Occasions," *Works* (Bicentennial ed.), 1:106.

⁸"To Dr. Conyers Middleton," 4 January 1749, III.11, *Letters* (Telford ed.), 2:387.

⁹"A Letter to a Roman Catholic," §16, *Works* (Jackson ed.), 10:85. La citation interne provient du paragraphe précédent de la lettre de Wesley.

[10]"A Letter to a Roman Catholic," §16, *Works* (Jackson ed.), 10:85.

[11]"Prophets and Priests" (1789, sermon 121), §21, *Works* (Bicentennial ed.), 4:83–84.

[12]See *Journal* (Curnock ed.), 3:178, 29 May 1745. Cf. the following: "The Lord Our Righteousness" (1765, sermon 20), II.20, *Works* (Bicentennial ed.), 1:464; "The Nature of Enthusiasm" (1750, sermon 37), §36, *Works* (Bicentennial ed.), 2:59; "On the Death of George Whitefield" (1770, sermon 53), III.1, *Works* (Bicentennial ed.), 2:341; "On the Trinity" (1775, sermon 55), §2, *Works* (Bicentennial ed.), 2:376; "On the Wedding Garment" (1790, sermon 127), §14, *Works* (Bicentennial ed.), 4:145; and "The Character of a Methodist," §1, *Works* (Jackson ed.), 8:340.

[13]See "Scriptural Christianity" (1744, sermon 4), IV.4, *Works* (Bicentennial ed.), 1:175; "Upon our Lord's Sermon on the Mount, II" (1748, sermon 22), III.18, *Works* (Bicentennial ed.), 1:508; "On the Trinity" (1775, sermon 55), §§1– 2, *Works* (Bicentennial ed.), 2:374–76; "On Laying the Foundation of the New Chapel" (1777, sermon 112), II.10, *Works* (Bicentennial ed.), 3:588; and "On the Wedding Garment" (1790, sermon 127), §15, *Works* (Bicentennial ed.), 4:146. Cf. Richard A. Muller's discussion of *adiaphora* in his *Dictionary of Latin and Greek Theological Terms* (Grand Rapids: Baker, 1985), 25–26.

[14]"Catholic Spirit" (1750, sermon 39), III.4, *Works* (Bicentennial ed.), 2:94.

[15]"Catholic Spirit" (1750, sermon 39), II.1, *Works* (Bicentennial ed.), 2:89.

[16]See Outler, *Works* (Bicentennial ed.), 1:220n7.

[17]"The Advantage of the Members of the Church of England, Over Those of the Church of Rome," §1, *Works* (Jackson ed.), 10:133.

[18]Preface, "A Roman Catechism, Faithfully Drawn Out of the Allowed Writings of the Church of Rome. With a Reply Thereto," *Works* (Jackson ed.), 10:87.

CHAPITRE 8
RAISON:
CARACTÈRE RAISONNABLE DE LA RELIGION

John Wesley accordait une grande importance au rôle de la raison dans la religion. Il déclarait: "C'est un principe fondamental pour nous [méthodistes] que renoncer à la raison revient à renoncer à la religion, que religion et raison vont de pair et que toute religion irrationnelle est une fausse religion."[1] Dans "Un appel sincère aux hommes de raison et de religion", Wesley affirmait rejoindre les "hommes de raison" dans leur désir d'une religion fondée sur la raison et pleinement conforme à celle-ci.[2] Il affirmait: "La passion et les préjugés gouvernent le monde, mais uniquement sous le nom de raison. Il nous appartient, par la religion et la raison réunies, de les contrecarrer autant que possible."[3]

Wesley croyait profondément à la rationalité ultime de la vraie religion, ainsi qu'au caractère raisonnable et à la nécessité du message chrétien pour le monde. Son appel à la raison suivait souvent celui aux Écritures. Il aimait utiliser l'expression "la voie rationnelle scripturaire simple" pour présenter le plan de salut de Dieu; toute autre voie lui semblait un mysticisme excessif ou une forme de religion rationaliste sans âme.[4]

Importance de la raison

Wesley considérait le raisonnement humain comme un élément essentiel de la constitution originelle de l'humanité, au même titre que les capacités politiques et morales des individus. La raison est un don unique de Dieu; elle reflète son image et sa ressemblance (voir Genèse 1:26-27). Dieu, dans sa grâce, continue de permettre à la raison de fonctionner de manière significative, même si le péché règne dans la moralité des individus. Nos capacités rationnelles sont inférieures au raisonnement infini de Dieu, mais elles demeurent largement fiables malgré la souillure de la finitude humaine et du péché.

La grande confiance de Wesley dans la capacité des individus à penser logiquement, notamment en matière spirituelle, s'accorde avec sa formation théologique anglicane. L'Église d'Angleterre considérait la raison comme l'arbitre synthétisant l'Écriture et la tradition, le protestantisme continental et le catholicisme romain.

L'évaluation de Wesley quant à la pertinence de la raison pour le christianisme a évolué à mesure que ses réflexions théologiques mûrissaient. Contrairement à ses vues sur l'Écriture et la tradition, restées relativement inchangées tout au long de ses écrits, ses idées sur la raison ont évolué et se sont développées. Par exemple, lorsque Wesley a écrit son sermon "La Circoncision du cœur" en 1733, il a défini la foi comme "un assentiment inébranlable à tout ce que Dieu a révélé dans l'Écriture".[5] Après sa conversion en 1738, Wesley a continué d'inclure des références à la rationalité de la véritable foi chrétienne dans ses discussions religieuses, bien qu'en réalité sa conception de la foi se soit enrichie pour inclure bien plus que la seule raison, par exemple l'importance d'intégrer l'expérience comme élément du caractère raisonnable de la religion.

Dans les années 1780, Wesley réservait encore une place importante à la raison dans sa théologie, mais il était devenu plus modeste dans son évaluation de ses pouvoirs. Dans sa pensée mature, Wesley écrivit ses sermons les plus explicites sur la nature et le rôle de la raison en religion dans *The Case of Reason Impartially Considered* et *The Imperfection of Human Knowledge*. Peut-être, suggère Albert Outler, Wesley voulait-il que ces deux sermons servent "d'antidotes et d'alternatives à ce qu'il considérait comme un faux rationalisme" parmi les méthodistes, qui n'étaient plus aussi clairs qu'à leurs humbles débuts.[6] Wesley avait peut-être réfléchi à la désillusion croissante de l'Angleterre face aux pouvoirs de la raison et aux Lumières dans les dernières décennies du XVIIIe siècle. Ou peut-être que ses propres réflexions matures sur la croyance religieuse recherchaient une déclaration publique plus équilibrée, évitant les positions extrêmes qu'il avait tenté d'éviter toute sa vie.

Connaissances religieuses

Dans le contexte européen du XVIIIe siècle, les Lumières battaient leur plein et Wesley connaissait bien les enjeux intellectuels de l'époque. D'un côté, sa compréhension de la connaissance religieuse se rapprochait-elle davantage de la tradition intuitive du platonisme chrétien, qui mettait l'accent sur la connaissance innée ou intuitive du divin, ou de la tradition expérimentale de l'aristotélisme chrétien, qui mettait l'accent sur la connaissance expérientielle du divin? Bien que les spécialistes wesleyens débattent encore de cette question philosophique, je pense que Wesley s'est davantage inspiré des chrétiens d'orientation aristotélicienne, par exemple John Locke, pour sa compréhension de la connaissance religieuse. Bien que Wesley ait parlé de sens spirituels qui semblaient fournir une connaissance intuitive, il a principalement utilisé les catégories de sens, d'expérience et d'expérimentation en général, et de connaissance religieuse en particulier.

Examinons, par exemple, la façon dont Locke considérait diverses affirmations religieuses concernant l'existence de Dieu et la résurrection des morts. Certaines affirmations religieuses sont conformes à la raison et ne devraient pas lui être contraires, par exemple l'existence d'un Dieu unique. D'autres affirmations religieuses peuvent être au-dessus de la raison, puisque Dieu nous a révélé suffisamment de vérité, même si elle n'est pas complète sur les questions divines. Locke a dit:

> 1. Sont raisonnables les propositions dont la vérité peut être découverte en examinant et en suivant les idées que nous avons par sensation et réflexion, et que nous trouvons vraies ou probables par déduction naturelle. 2. Sont supérieures à la raison les propositions dont la vérité ou la probabilité ne peuvent être déduites de ces principes par la raison. 3. Sont contraires à la raison les propositions incompatibles ou inconciliables avec nos idées claires et distinctes. Ainsi, l'existence d'un seul Dieu est raisonnable; l'existence de

plusieurs Dieux est contraire à la raison; la résurrection des morts est supérieure à la raison.[7]

Locke comptait sur la raison pour accomplir beaucoup dans sa sphère d'influence. Wesley fut impressionné et il aligna une grande partie de sa propre pensée sur la vision épistémologique du monde de Locke, caractéristique de l'empirisme britannique.

Concernant la théologie naturelle (aussi appelée révélation générale) de Dieu, Wesley affirmait que nous n'avons pas d'idées innées. Il soutenait plutôt que nous possédons une connaissance empirique de l'existence de Dieu. Wesley a déclaré:

Si Dieu avait imprimé (comme certains l'ont soutenu) une idée de lui-même dans chaque âme humaine, nous aurions certainement compris quelque chose de ces attributs, ainsi que de ses autres attributs; car nous ne pouvons supposer qu'il nous aurait imprimé une idée fausse ou imparfaite de lui-même. Mais la vérité est qu'aucun homme n'a jamais imprimé, ni ne trouve aujourd'hui, une telle idée imprimée dans son âme. Le peu que nous savons de Dieu (hormis ce que nous recevons par l'inspiration du Saint), nous ne le tirons pas d'une impression intérieure, mais nous l'acquérons progressivement de l'extérieur. "Les choses invisibles de Dieu", si tant est qu'on les connaisse, "se connaissent par ses œuvres"; non par ce que Dieu a écrit dans nos cœurs, mais par ce qu'il a écrit dans toutes ses œuvres.[8]

Wesley croyait que nous déduisons du monde créé une connaissance de l'existence de Dieu, comparable aux affirmations du Psalmiste sur la connaissance religieuse (Psaume 19:1-2). S'appuyant sur des arguments cosmologiques et téléologiques variés, comme ceux de John Locke, Peter Browne et de la tradition catholique, Wesley croyait que le monde et son ordre – sa vaste indication de la conception – témoignaient de l'existence de Dieu.

Il soutenait que "toute la création témoigne de l'existence de Dieu"[9] et que "avec son existence, tous ses attributs ou perfections; son éternité... son omniprésence; sa toute-puissance... sa sagesse, [sont] clairement déduits des choses visibles, de l'ordre divin de l'univers"[10.] Il soutenait que nous savons que Dieu existe aussi sûrement que nous savons que nous existons nous-mêmes. Wesley a dit:

> Mais à tout ce qui est ou peut être dit de l'omniprésence de Dieu, le monde a une objection majeure: il ne peut le voir. Et c'est là la racine de toutes ses autres objections. Notre Seigneur l'a observé il y a longtemps: "Le monde ne peut le recevoir, parce qu'il ne le voit pas." N'est-il pas facile de répondre: "Pouvez-vous voir le vent?" Vous ne le pouvez pas. Mais niez-vous pour autant son existence, ou sa présence? Vous dites: "Non, car je peux le percevoir par mes autres sens." Mais par lequel de vos sens percevez-vous votre âme? Vous ne niez certainement ni son existence ni sa présence ! Et pourtant, elle n'est l'objet ni de votre vue, ni d'aucun de vos autres sens. Il suffit donc de considérer que Dieu est un Esprit, comme votre âme. Par conséquent, "aucun homme ne l'a vu, ni ne peut le voir", avec des yeux de chair et de sang.[11]

Comme Locke, Wesley a posé l'existence de Dieu d'une manière analogue à celle de l'auto-existence, bien que Wesley ait utilisé une argumentation moins formelle. On peut interpréter Wesley comme argumentant davantage du point de vue du bon sens, une interprétation qui coïncide avec son intention de dire "la vérité pure et simple pour les gens ordinaires" et de s'abstenir de "toutes spéculations philosophiques et raffinées".[12] Wesley croyait que, outre la reconnaissance de l'existence de Dieu, les hommes pouvaient déduire de la création des connaissances sur l'immoralité humaine, l'avenir et le jugement. Wesley ne voyait dans cette vision aucune menace pour la révélation biblique ni pour l'orthodoxie, contrairement à ce que pourraient protester les critiques de la théologie naturelle classique. Il ne laissait pas la théologie naturelle classique absorber ou détourner de la richesse de la révélation divine telle qu'elle se trouve dans les Écritures.

Sentir Dieu

Wesley parlait de la foi comme d'un "sens spirituel", donné uniquement par Dieu, mais il décrivait aussi "l'homme naturel" comme étant dans un état de... sommeil profond; ses sens spirituels ne sont pas éveillés: ils ne discernent ni le bien ni le mal spirituels."[13] Wesley n'a probablement pas conçu cette question selon une logique de "l'un ou l'autre". Pour lui, ces questions se résumaient à une vision du monde "à la fois/et" qui implique une compréhension synergique de la manière dont Dieu initie les rencontres avec les gens et de la manière dont les gens doivent répondre à son initiative. Ainsi, notre sensation ou nos sentiments d'être intérieurement conscients de Dieu ont des qualités transcendantes ainsi que comportementales, qui peuvent être observées.

Wesley aurait certainement souligné la dimension transcendante, quoique objective, de notre rencontre avec Dieu. Mais il n'aurait pas nié que de telles rencontres ont des effets psychologiques, subjectifs et contextuels sur la vie du croyant. Après tout, les rencontres avec Dieu se déroulent dans un contexte influencé par une multitude d'influences biologiques, comportementales et culturelles.

Wesley concevait l'"homme naturel" (ou les personnes naturelles) comme possédant toujours une forme de grâce prévenante ou préventive.[14] Par exemple, Wesley faisait référence à la conscience de l'humanité – que tous les êtres humains possèdent, qu'ils soient chrétiens ou non – comme une manifestation de la grâce prévenante de Dieu. [15] Mais comment une personne naturelle peut-elle vraiment être qualifiée de naturelle si une telle personne est toujours en possession de la grâce divine? En un sens, on peut dire que, pour Wesley, il existait théoriquement le concept de personne "naturelle", mais empiriquement aucune personne purement naturelle n'existait.[16] Cela est dû au fait que tous les êtres humains font l'expérience de la grâce divine de Dieu – par exemple, sous forme de conscience, qu'ils soient devenus chrétiens ou non. Wesley faisait encore une distinction entre une personne naturelle et une personne spirituelle, mais la personne naturelle n'était pas considérée comme ayant complètement perdu l'œuvre de la grâce de Dieu dans sa vie. Par le Saint-Esprit, Dieu travaillait toujours de manière préventive dans la vie des gens, de sorte qu'ils étaient privés d'une présence constante qui les réconforterait, les guiderait et leur donnerait du pouvoir, alors qu'ils répondaient de manière synergique en coopération avec la grâce de Dieu.

Une conséquence importante de tout cela pour Wesley fut que nul ne reste sans excuse face à son péché. Tous les êtres humains éprouvent la conviction de péché grâce à l'œuvre prévenante de la grâce de Dieu dans leur vie, dans leur conscience. Malgré la chute de l'humanité dans le péché et la souillure du péché qui en a résulté, Dieu accorde aux hommes une liberté suffisante pour accepter ou rejeter son initiation dans leur vie. Ainsi, Wesley soutenait que tous les êtres humains connaissent "de grandes vérités, comme l'être de Dieu et la différence entre le bien et le mal moral", car Dieu "a, dans une certaine mesure, "éclairé chaque personne venant au monde"," et leur connaissance est confirmée par "les traces de ces [grandes vérités]… trouvées dans toutes les nations".[17]

Français Ainsi, les croyants chrétiens peuvent percevoir ou expérimenter une "impression" divine distincte (et l'assurance subséquente) d'"être en faveur auprès de Dieu".[18] Wesley n'a pas insisté pour utiliser le terme impression, et il a exprimé son espoir que quelqu'un pourrait "trouver un meilleur [terme]; que ce soit "découverte", "manifestation", "sens profond", ou quoi que ce soit d'autre".[19] Il ne se souciait pas de résoudre philosophiquement ou théologiquement toutes les questions concevables impliquées dans l'articulation de la manière dont Dieu imprime la vérité aux gens.

Les limites de la raison

Wesley faisait appel à la raison autant que possible, mais il était conscient de ses limites. Ces limites furent reconnues plus explicitement dans ses derniers écrits qu'au début de sa vie et de son ministère. Il ne fait aucun doute que les abus du rationalisme (par exemple, le ratiocination) parmi ses contemporains des Lumières et parmi les méthodistes eux-mêmes ont incité Wesley à clarifier certaines limites de la raison. J'ai déjà noté que, durant ses années précédant Aldersgate, Wesley affirmait: "La foi est une espèce de croyance, et la croyance se définit comme "un assentiment à une proposition fondée sur des fondements rationnels". Sans fondements rationnels, il n'y a donc pas de croyance, et par conséquent pas de foi."[20] Après le début du renouveau, Wesley continua de revendiquer avec assurance la raison comme autorité religieuse dans les Appels. Bien que la raison ne produise jamais la foi, Wesley la considérait comme capable de réguler la vie de foi. Pourtant, il critiquait progressivement ceux qui, selon lui, avaient des conceptions inappropriées et excessives de l'autorité de la raison.

Par exemple, Wesley a maintes fois évoqué les problèmes du rationalisme déiste, qu'il considérait comme une aberration de la véritable raison. Dans les années 1750, Wesley a reconnu et abordé d'autres points de vue qui, selon lui, exagéraient la raison. Dans les années 1780, lorsqu'il a écrit les sermons intitulés "Le cas de la raison considérée impartialement" et "L'imperfection de la connaissance humaine", il a continué d'affirmer le rôle continu de la raison en théologie, tout en mettant clairement en garde contre ses abus. Wesley a déclaré:

> Laissez la raison faire tout ce qu'elle peut; employez-la autant qu'elle le peut. Mais, en même temps, reconnaissez qu'elle est totalement incapable de donner la foi, l'espérance ou l'amour; et, par conséquent, de produire une véritable vertu

ou un bonheur substantiel. Attendez-vous à ces choses d'une source supérieure, du Père des esprits de toute chair[21]

La raison demeurait essentielle à l'ensemble de la tâche théologique de Wesley, mais personne ne pouvait la considérer comme suffisante pour connaître la vérité divine. Même en ce qui concerne l'existence de Dieu, que Wesley croyait que tous les hommes déduisent de la création, nous ne pouvons démontrer définitivement son existence sans l'ombre d'un doute, ni le rechercher jusqu'à la perfection. Pour comprendre l'unité et l'infinité de Dieu, nous devons en définitive nous appuyer sur la connaissance de Dieu telle que révélée dans les Écritures.

La vraie raison connaît ses limites. En reconnaissant les limites de la raison, nous en apprenons davantage sur l'humilité et la foi (et la confiance personnelle) en Dieu. En fin de compte, nous avons besoin de la foi pour comprendre ce qui a une signification éternelle, c'est-à-dire la connaissance qui nous conduit à Dieu et au salut. Pour Wesley, la foi représentait toujours le fait majeur de la connaissance de Dieu et de tout ce qui concerne notre salut. Mais elle représentait aussi la manière ou le moyen de connaître.

En un sens, Wesley concevait la foi comme un moyen ou un processus de connaissance constituant en soi la connaissance. La foi peut alors être comprise et communiquée rationnellement, de la même manière que nous comprenons et communiquons d'autres connaissances, même si nous ne saisissons pas pleinement toute la dynamique de la foi et de la confiance personnelle en Dieu. Cependant, Wesley considérait qu'aucune philosophie ne possédait une connaissance complète et définitive, en raison de la finitude de la situation humaine, sans parler des distorsions causées par le péché. Il souhaitait surtout éviter la pensée réductionniste, qui tente de résoudre les questions épistémologiques par la seule raison. Wesley considérait plutôt que l'Écriture, la tradition et l'expérience, ainsi que la raison, constituent des contrepoids nécessaires à une religion véritable, scripturaire et expérimentale.

Questions de discussion

De quelles manières Wesley pensait-il que la foi et la raison étaient complémentaires? Quelle importance accordait-elle à la raison (par exemple, la logique, la pensée critique) en tant qu'autorité religieuse?

Bien que certains érudits wesleyens soutiennent que Wesley affirmait une connaissance innée ou intuitive de Dieu, pourquoi est-il important de comprendre comment il pensait que la compréhension religieuse est transmise expérimentalement par notre esprit, notre corps et nos expériences?

Wesley a-t-il accepté les arguments en faveur de l'existence de Dieu? Pourquoi pensait-il que les arguments cosmologiques (par exemple, la causalité) et téléologiques (par exemple, la conception) étaient convaincants?

Que voulait dire Wesley par "sentir ou ressentir Dieu"? Comment la conscience de la présence de Dieu peut-elle être encourageante? En quoi la perception et les sentiments spirituels peuvent-ils être trompeurs lorsqu'ils sont acceptés sans discernement? Comment les discerner?

Pourquoi la grâce prévenante est-elle importante pour comprendre comment Dieu agit dans et à travers nos vies? Que signifie pour nous répondre en synergie avec la grâce de Dieu, nous permettant d'accepter (ou de rejeter) son action?

De quelles manières Wesley a-t-il évoqué les limites de la raison? Que ne pouvait pas accomplir la raison, selon Wesley? Comment la raison peut-elle induire en erreur les chrétiens d'aujourd'hui?

Notes

[1]"To Dr. Rutherford," 28 March 1768, *Letters* (Telford ed.), 5:364.

[2]"An Earnest Appeal," §28, *Works* (Oxford ed.), 11:55.

[3]"To Joseph Benson," 5 October 1770, *Letters* (Telford ed.), 5:203.

[4]"The Nature of Enthusiasm" (1750, sermon 37), §26, *Works* (Bicentennial ed.), 2:55.

[5]"The Circumcision of the Heart" (1733, sermon 17), I.7, *Works* (Bicentennial ed.), 1:405. La définition de Wesley reflète encore la compréhension rationaliste de la foi que Wesley avait déjà défendue dans une série de lettres à sa mère. Voir les lettres de Wesley "To Mrs. Susanna Wesley," 29 July 1725 and 22 November 1725, *Works* (Oxford ed.), 25:173–76, 186–89.

[6]Outler, an introductory comment to "The Imperfection of Human Knowledge" (1784, sermon 69), *Works* (Bicentennial ed.), 2:568.

[7]John Locke, *Essay Concerning Human Understanding*, 2 vols., ed. Alexander Fraser (New York: Dover, 1894), 2:412–13.

[8]"The Imperfection of Human Knowledge" (1784, sermon 69), §4, *Works* (Bicentennial ed.), 2:571.

[9]"A Farther Appeal," III.21, *Works* (Oxford ed.), 11:268.

[10]"Upon our Lord's Sermon on the Mount, VI" (1748, sermon 26), III.7, *Works* (Bicentennial ed.), 1:580–81.

[11]"On the Omnipresence of God" (1788, sermon 118), II.8, *Works* (Jackson ed.), 7:242.

[12]Preface, §3, "Sermons on Several Occasions," *Works* (Bicentennial ed.), 1:104.

[13]"The Spirit of Bondage and of Adoption" (1746, sermon 9), I.1, *Works* (Bicentennial ed.), 1:251.

[14] En ce qui concerne la grâce prévenante, voir "The Means of Grace" (1746, sermon 16), II.1, *Works* (Bicentennial ed.), 1:381; "Sermon on the Mount" (1748, sermon 23), III.8, *Works* (Bicentennial ed.), 1:526; "The Scripture Way of Salvation" (1765, sermon 43), I.2, *Works* (Bicentennial ed.), 2:156-157; and "On Working Out Our Own Salvation" (1785, sermon 85), II.1, and II.4, *Works* (Bicentennial ed.), 203-4, 207.

[15]See "On Conscience" (1788, sermon 105), *Works* (Bicentennial ed.), 3:479-90.

[16]For example, see "The New Birth" (1760, sermon 45), II.4, *Works* (Bicentennial ed.), 2:192-3; and "On Living without God" (1790, sermon 130), §6, *Works* (Bicentennial ed.), 4:171.

[17]"On Working Out Our Own Salvation" (1785, sermon 85), III.4, *Works* (Bicentennial ed.), 3:199. Cf. "Walking by Sight and Walking by Faith" (1788, sermon 119), §§7-8, *Works* (Jackson ed.), 7:258.

[18]"To Joseph Benson," 21 May 1781, *Letters* (Telford ed.), 7:61.

[19]"To Joseph Benson," 21 May 1781, *Letters* (Telford ed.), 7:61.

[20]"To Mrs. Susanna Wesley," 29 July 1725, *Works* (Oxford ed.), 25:175. Mitsuo Shimizu note que Wesley a évité la position extrême consistant à faire du christianisme une science: "Wesley constate: "J'avais commis une erreur en adhérant à la définition de la foi que le Dr Fiddes présente comme la seule vraie" [*Letters*, 1:24]. La théorie de l'assentiment du Dr Fiddes,

qui "englobe la science aussi bien que la foi", n'est "qu'une partie de la définition" de la foi, puisque la foi, dit Wesley, "est généralement admise comme distincte de la science" [ibid., 1:25]. La foi en tant que forme rationnelle de connaissance ne peut être prouvée aussi clairement et distinctement que la science. Cela conduit Wesley à prendre les preuves des Écritures en plus de celles de la raison comme source de vérités religieuses" (Mitsuo Shimizu, "Epistemology in the Thought of John Wesley" (Diss., Drew University, 1980), 17–18).

[21]"The Case of Reason Impartially Considered" (1781, sermon 70), II.10, *Works* (Bicentennial ed.), 2:600.

CHAPITRE 9
EXPÉRIENCE, PARTIE 1:
AUTORITÉ RELIGIEUSE AUTHENTIQUE

Nombreux sont ceux qui considèrent la compréhension de Wesley de l'expérience en tant qu'autorité religieuse comme l'une de ses plus grandes contributions au développement de la théologie chrétienne. Il ne cherchait pas à innover en théologie, mais il fut le premier à intégrer explicitement à sa vision théologique du monde la dimension expérientielle de la foi chrétienne. Dès ses premiers écrits théologiques, dans les Sermons à plusieurs occasions, Wesley cherchait à "préserver ceux qui se tournent simplement vers le ciel (et qui, connaissant mal les choses de Dieu, sont les plus susceptibles d'être détournés du chemin), du formalisme, de la simple religion extérieure, qui a presque chassé du monde la religion du cœur".[1]

Wesley craignait que certains de ses disciples méthodistes, ainsi que d'autres chrétiens, ne succombent à une orthodoxie spirituellement morte, qui ne témoignerait ni de la puissance ni de la vitalité d'une relation personnelle avec Dieu en Jésus-Christ. Par exemple, Wesley commençait son court traité intitulé "Réflexions sur le méthodisme" par le paragraphe suivant:

> Je ne crains pas que les méthodistes cessent un jour d'exister, ni en Europe ni en Amérique. Mais je crains qu'ils ne subsistent que comme une secte

morte, ayant la forme d'une religion sans en [avoir] la puissance. Et ce sera sans aucun doute le cas, à moins qu'ils ne maintiennent fermement la doctrine, l'esprit et la discipline avec lesquels ils ont commencé.[2]

Craignant le risque d'un retour à cette orthodoxie conceptualiste récurrente (et potentiellement à une scolastique rigide), Wesley chercha à maintenir une vision plus saine et plus holistique de la dimension expérientielle de la foi chrétienne. Il ne considérait pas cela comme une innovation théologique. Le pouvoir confirmatif de l'expérience, soutenait-il, était essentiel à la vie du véritable croyant. La vérité de l'Écriture se manifestait dans la vie réelle. Mais en reconnaissant le rôle crucial de l'expérience, notamment religieuse, Wesley ajouta de manière constructive l'expérience comme autorité religieuse essentielle à l'affirmation anglicane existante de l'Écriture, de la tradition et de la raison.

Religion expérimentale

En qualifiant son approche de la théologie d'expérimentale, Wesley entendait généralement que la religion était liée à l'expérience ou fondée sur elle – une expérience qui va au-delà de notre simple compréhension conceptuelle des Écritures et de la tradition. Bien sûr, la théologie ne se fonde pas alors principalement sur l'expérience; l'Écriture demeure la source première de l'autorité religieuse. Mais la théologie doit être fondée sur l'expérimentation, ou en découler, afin de tester tous les aspects potentiels de l'autorité religieuse, y compris l'expérience en général et l'expérience religieuse en particulier.

Chacun de nous évalue, consciemment ou inconsciemment, les preuves accumulées pour et contre la croyance religieuse. Nous affirmons ou rejetons ensuite, croyons ou rejetons ce qui correspond le mieux à ces preuves. Même si nous pouvons croire qu'une telle décision est facilitée, voire initiée, par la grâce prévenante de Dieu, il subsiste une part d'engagement humain authentique dans l'acte de foi.

Wesley croyait que les vérités des Écritures sont (ou seront eschatologiquement) confirmées par l'expérience. Par conséquent, nous devons répondre à ce que Dieu a révélé historiquement par l'Écriture et aujourd'hui par l'œuvre du Saint-Esprit. Bien que le rôle confirmatif de l'expérience concerne particulièrement l'assurance du salut, il s'applique également à d'autres vérités des Écritures et aux doctrines du christianisme orthodoxe.

Chez Wesley, nous constatons que le développement de la théologie est le fruit d'efforts menés dans des conditions contrôlées, dans le but de découvrir les vérités religieuses. Ces conditions contrôlées, ou méthodes expérimentales, n'ont peut-être pas été conçues systématiquement ni employées rigoureusement, mais elles étaient présentes et ont fortement influencé ses réflexions religieuses et pastorales. Wesley cherchait consciemment à formuler une conception du christianisme raisonnable, compte tenu de toutes les preuves, mais non légitimée épistémologiquement par la raison ou l'expérience. Ce faisant, il s'efforçait de ne pas priver le christianisme de sa vitalité spirituelle, fondée sur la révélation biblique.

Français Après avoir déclaré dans les Sermons à plusieurs occasions son intention de présenter "la vraie religion, la religion scripturaire et expérimentale", Wesley a mis en garde contre deux menaces à la religion du cœur. [3] Nous avons déjà vu comment ces deux menaces résidaient dans la tendance à sur-accentuer la dimension conceptuelle et formelle de la croyance religieuse au détriment de la dimension affective et vitale de l'expérience chrétienne, qui comprend une relation personnelle, interactive et aimante avec Dieu.

Connaissances empiriques et expérientielles

L'étude expérimentale de la religion s'intéresse à la fois à la connaissance empirique (au sens d'observable publiquement) et expérientielle (au sens d'observable en privé). Bien que ces catégories ne soient pas utilisées par Wesley, elles contribuent à illustrer la subtilité de sa théologie de l'expérience.[4]

La connaissance empirique est fondée sur l'expérience, l'observation, les faits, la sensation, la perception, la pratique, les situations concrètes et les événements réels. Il s'agit d'une connaissance a posteriori issue de l'expérience sensorielle et généralement susceptible d'évaluation publique. Les arguments de la théologie naturelle classique en faveur de l'existence de Dieu constituent un exemple de connaissance empirique. Elle comprend également les témoignages et récits de miracles de croyants chrétiens, passés et présents. Ces exemples concernent des expériences où aucune sensation ou impression directe de la présence de Dieu n'est ressentie, ou du moins où l'intensité de la conscience de Dieu tend à être moins marquée. Néanmoins, ils constituent des preuves potentielles pour des arguments cumulatifs en faveur du caractère raisonnable de la croyance chrétienne.

La connaissance expérientielle repose sur la compréhension, les intuitions ou les informations issues d'expériences sensorielles personnelles ou interpersonnelles. Elle s'oppose à l'expérience empirique, fondée sur la sensation, la perception ou l'observation des types d'expériences partagées par les individus. La connaissance expérientielle découle de l'introspection, de l'auto-analyse, d'états de conscience privés et d'autres moyens. Elle diffère cependant de la connaissance a priori, issue de la raison sans référence à l'expérience sensorielle.[5] Du point de vue de Wesley, la connaissance expérientielle est inextricablement liée à l'expérience sensorielle, mais pas aux types d'expériences empiriques qui fournissent des connaissances facilement communicables et évaluables publiquement.

Les expériences personnelles sont difficiles à communiquer et à évaluer publiquement, car elles sont si individualistes qu'elles empêchent les autres d'en saisir pleinement la signification. Elles ont tendance à n'avoir de sens que pour la ou les personnes qui les vivent. Par exemple, il n'est pas toujours possible d'expliquer pourquoi on aime quelqu'un et en déteste un autre, ou pourquoi on agit d'une manière plutôt que d'une autre. Ces difficultés sont particulièrement vraies en ce qui concerne les expériences religieuses, où l'on peut avoir une conscience ou une impression directe de Dieu – cet être personnel dont l'existence même transcende notre capacité à la vérifier par la seule expérience empirique.

De nos jours, nous parlons de la nature contextuelle de la connaissance humaine et de la façon dont ce que nous savons est influencé par notre situation, c'est-à-dire notre situation personnelle et socioculturelle. Cette situation englobe de nombreuses dimensions: la race, l'ethnicité, le sexe, la classe sociale, la culture, la langue et la politique. Elle peut également inclure des dimensions psychologiques que Wesley ignorait au XVIIIe siècle, comme la psychologie, la psychanalyse, etc. Toutes ces dimensions peuvent influencer la compréhension des données empiriques et expérientielles. Bien que Wesley n'ait pas adopté notre vision contemporaine de la connaissance humaine, il était conscient des défis que représentent la réflexion et la discussion sur les questions spirituelles et transcendantes dans un monde physique et fini.

Bien que le processus de connaissance implique la participation personnelle de celui qui connaît, il n'est pas purement psychologique ou subjectif, car nous entrons véritablement en contact avec des réalités objectives, quoique parfois voilées. À cet égard, Richard Brantley soutient que Wesley:

> L'analogie de la proportionnalité [entre les sens physiques et spirituels] a aidé Wesley à penser que ce qui est ressenti est un substitut théologiquement satisfaisant à ce qui est vu philosophiquement — que comme l'intellect reste convaincu de ce que les sens ont à dire, l'intellect fait confiance à l'émotion pour qu'elle ne soit pas illusoire mais spirituellement véridique, c'est-à-dire pour qu'elle corresponde à un fait religieux.[6]

Wesley croyait donc que les chrétiens peuvent, en fait, faire l'expérience de certaines rencontres expérientielles avec Dieu et du salut de Dieu pour leur vie.

Wesley a constaté la difficulté d'expliquer comment les chrétiens prétendent avoir une connaissance expérientielle de Dieu et des vérités spirituelles relatives au salut divin. Bien qu'il ne se sente généralement pas obligé de s'engager dans des spéculations philosophiques, Wesley a tenté d'expliquer son recours à la connaissance expérientielle. Cette explication est apparue au début du renouveau méthodiste, principalement dans "Un appel sérieux", "Un appel supplémentaire" et dans des écrits ultérieurs réfutant les critiques concernant son utilisation de l'expérience comme autorité religieuse. Nous avons déjà vu comment Wesley a développé ses idées en s'inspirant de la logique aristotélicienne et de la philosophie lockéenne, et comment Peter Browne, contemporain de Wesley, a élargi la méthode d'expérimentation pour inclure des dimensions de l'expérience religieuse, transcendant les données sensorielles empiriques.[7]

Dans "Un appel sérieux", nous découvrons comment Wesley a développé les idées de Browne dans son analogie entre les sens naturels et spirituels. Ces sens étaient censés fournir suffisamment de données ou d'idées pour tirer des conclusions justes sur "les choses de Dieu".[8] Les sens naturels perçoivent des données empiriques qui fournissent des idées sur le monde physique. À cet égard, la conception wesleyienne des sens naturels fonctionnait de la même manière que Locke avait établi sa philosophie de la connaissance empirique.

De même, les sens spirituels perçoivent des données expérientielles de nature religieuse qui fournissent des idées sur le monde spirituel. À cet égard, Wesley estimait rendre justice non seulement aux passages des Écritures traitant de la vision et de l'ouïe spirituelles (par exemple, Éphésiens 1:18; cf. Hébreux 3:7, 15, 11:27), mais aussi aux avancées scientifiques et philosophiques contemporaines dans la théorie de la connaissance. Wesley, en fait, se considérait comme plus inductif, car il avait pris en compte des expériences non empiriques communément reconnues qui contribuent à la compréhension religieuse. Malheureusement, les sens spirituels créés par Dieu en l'homme ont été déformés, selon Wesley, par l'occurrence du péché. Sans "la preuve des choses invisibles", Wesley pensait que nul ne pouvait espérer raisonner correctement sur les choses relatives à Dieu. Résumant ses vues sur les sens naturels et spirituels, Wesley a déclaré:

> Vous savez également qu'avant de pouvoir en juger véritablement, il est absolument nécessaire que vous ayez une compréhension claire des choses de Dieu et que vos idées en soient toutes fixes, distinctes et déterminées. Et puisque nos idées ne sont pas innées, mais doivent toutes provenir originellement de nos sens, il est indispensable que vous ayez des sens capables de discerner les objets de Dieu – non seulement ceux que l'on appelle "sens naturels", qui à cet égard ne servent à rien, car totalement incapables de discerner les objets spirituels, mais des sens spirituels, exercés à discerner le bien et le mal

spirituels. Il est indispensable que vous ayez l'oreille qui entend et l'œil qui voit, ainsi nommés avec insistance; que vous ayez une nouvelle classe de sens ouverts dans votre âme, indépendants des organes de chair et de sang, pour être "la preuve des choses invisibles", comme vos sens corporels le sont pour les choses visibles, pour être les voies d'accès au monde invisible, pour discerner les objets spirituels et pour vous fournir des idées de ce que "l'œil extérieur n'a pas vu, ni l'oreille entendu". [10]

Wesley croyait que Dieu accorde sa grâce à tous afin qu'ils puissent acquérir la foi qui stimule et facilite nos sens spirituels d'entendre, de voir et de ressentir Dieu. Ainsi, du point de vue de Wesley, la foi non seulement purifie les gens de la culpabilité du péché, mais les aide aussi à renouveler leur compréhension des choses de Dieu.

Expérience chrétienne

Bien que sa conception de la foi fût complémentaire de la raison, Wesley estimait que la foi reposait sur les preuves de l'expérience religieuse et ne relevait pas de la seule raison. En affirmant la dimension expérientielle de la foi religieuse, Wesley pensait éviter les tendances rationalistes récurrentes de la religion formelle et dogmatique.

Wesley cherchait également à éviter le concept de la foi, à l'autre extrême, comme une forme de mysticisme, ou "enthousiasme", dont on l'accusait parfois. Il n'aimait pas les expériences religieuses exotiques. Il craignait ceux qui surestimaient les sentiments, c'est pourquoi il consacra un sermon entier au sujet de "La nature de l'enthousiasme". Mais il voyait que, malgré certains excès dans les récits de ses expériences avec Dieu, il subsistait une inévitable variabilité (ou situation) dans l'action du Saint-Esprit. Ainsi, le critère de la véracité d'un témoignage ne devrait pas se limiter aux sentiments. La manière appropriée de "scruter les esprits" (par exemple, 1 Jean 4:1) devrait inclure des critères tirés des Écritures, de la tradition et de la raison, ainsi que de l'expérience.

La conception wesleyenne de la foi reflète plusieurs éléments issus d'autres traditions: premièrement, l'accent historiquement mis par l'Église catholique sur l'affirmation intellectuelle (*assensus*) du contenu des croyances orthodoxes classiques, dont l'Écriture; deuxièmement, le concept réformateur de confiance personnelle (*fiducia*); et troisièmement, un élément dynamique et synergique qui accorde une place à l'initiative divine dans l'octroi de la foi et à la responsabilité des individus de raisonner avec justice et d'agir fidèlement. Cette conception de la foi apparaît dans une lettre que Wesley a écrite à "John Smith". Wesley a déclaré:

> Je crois (1) qu'une adhésion rationnelle à la vérité biblique est un élément de la foi chrétienne ; (2) que la foi chrétienne est une vertu morale au même titre que l'espérance et la charité ; (3) que les hommes doivent y consacrer la plus grande attention et la plus grande diligence. Et pourtant (4) que cette grâce, comme toute grâce chrétienne, est proprement surnaturelle, un don immédiat de Dieu, qu'il accorde généralement par les moyens qu'il a prescrits.[11]

Dieu agit de manière prévenante dans la vie des hommes en général, et des chrétiens en particulier, les aidant à coopérer avec l'Esprit de Dieu pour édifier la foi, l'espérance et l'amour. Ainsi, chaque croyant peut éprouver un sentiment d'assurance quant à sa relation personnelle avec Dieu et au salut qu'il lui réserve.

Qu'en est-il de la fiabilité des témoignages de foi d'autrui? Pouvons-nous avoir la même certitude quant à leurs récits de foi? Mitsuo Shimizu note que Wesley ne suggérait pas une certitude infaillible pour juger le témoignage d'autrui, mais défendait fréquemment la vérité du christianisme et des croyances chrétiennes en se basant sur les expériences de foi qu'ils décrivaient. Bien que nous ne puissions pas discerner avec certitude la véracité de leur témoignage, nous pouvons avoir une assurance raisonnable de ce qu'ils disent après avoir examiné la cohérence de leur témoignage et la qualité de vie qui en a résulté, telle qu'elle se manifeste dans leurs attitudes et leurs actions. Si le témoignage d'une personne est examiné expérimentalement et suffisamment vérifié conformément aux Écritures, aux apports de l'Église et à la pensée critique, il est alors raisonnable de juger ces témoins comme vrais et dignes d'être pris en considération comme preuves de la véracité du christianisme.

Questions de discussion

En quel sens Wesley considérait-il l'expérience comme une autorité religieuse? Quel est le lien entre cette autorité et l'autorité première des Écritures? La Tradition? La Raison?

Est-il utile d'établir une distinction entre données empiriques (par exemple, scientifiques, comportementales) et données expérientielles (par exemple, expériences personnelles et religieuses)? Bien que ces deux distinctions fournissent des informations, comment évaluer leur fiabilité et leur applicabilité?

Tout comme Wesley a tenté d'équilibrer ce que l'on peut apprendre du monde empirique et ce que l'on peut apprendre du monde spirituel, comment maintenez-vous cet équilibre aujourd'hui? Pensez-vous qu'il soit plus difficile ou plus facile aujourd'hui d'équilibrer les dimensions empirique et spirituelle de la vie?

Selon vous, dans quelle mesure les Écritures parlent-elles des sens spirituels? En quoi est-il utile (ou non) de parler de sens spirituels?

Comment les chrétiens devraient-ils considérer les témoignages de personnes ayant eu des rencontres personnelles avec Dieu, ou les affirmations selon lesquelles Dieu leur aurait parlé? Bien que Wesley croie en la présence et à l'œuvre du Saint-Esprit, comment nous met-il en garde contre le fait de prendre les gens pour argent comptant? Comment les chrétiens devraient-ils discerner ces questions spirituelles?

Êtes-vous impressionné par l'ouverture de Wesley aux témoignages chrétiens d'expériences religieuses extérieures à sa tradition protestante?

Quels chrétiens, qui ne partagent pas votre appartenance religieuse, pourraient vous apprendre quelque chose?

Notes

[1]Preface, §6, "Sermons on Several Occasions," *Works* (Bicentennial ed.), 1:106.

[2]"Thoughts upon Methodism," *Works* (Jackson ed.), 13:258.

[3]Preface, §6 "Sermons on Several Occasions," *Works* (Bicentennial ed.), 1:106. Les deux menaces étaient: "D'une part, la religion extérieure, qui a presque chassé du monde la religion du cœur; et, d'autre part, d'avertir ceux qui connaissent la religion du cœur, la foi qui agit par l'amour, de peur qu'ils ne détruisent la loi par la foi et ne retombent ainsi dans les pièges du diable."

[4]L'utilisation de ces catégories ne doit pas être interprétée comme une projection d'un dualisme inutile sur Wesley. Il n'a pas clairement distingué les différents types d'expérience, ce qui crée une confusion dans la compréhension de sa théologie. Cependant, il semble y avoir une distinction implicite entre les dimensions empiriques et expérientielles de l'expérience dans ses écrits. Pour les besoins de l'analyse, cette distinction contribuera à clarifier certains aspects de sa théologie.

[5]Certains qualifient la connaissance *a priori* de connaissance notionnelle, c'est-à-dire abstraite et non expérientielle. La connaissance notionnelle s'oppose aux connaissances empiriques et expérientielles, qui impliquent divers degrés de participation personnelle au processus de connaissance. La connaissance empirique implique des expériences personnelles relativement faciles à communiquer, tandis que la connaissance expérientielle implique des expériences

relativement difficiles à communiquer, si tant est qu'il soit possible de communiquer des expériences personnelles.

[6]Richard E. Brantley, *Locke, Wesley, and the Method of English Romanticism* (Gainesville, FL: University of Florida Press, 1984), 46.

[7]Locke sur la théologie de Wesley fut stimulée et élargie par les écrits de Peter Browne. Wesley étudia l'ouvrage de Browne, intitulé *Procedure, Extent, and Limits of Human Knowledge* (1728), et l'a abrégé plus tard pour son ouvrage en plusieurs volumes *Natural Philosophy*. Voir Clifford Hindley, Clifford Hindley, "The Philosophy of Enthusiasm: A Study in the Origins of 'Experimental Theology,'" *London Quarterly and Holborn Review* 182 (1957): 108, cf. 99-109. Cf. Brantley, 30, cf. 27-102.

[8]See "An Earnest Appeal," §31, *Works* (Bicentennial ed.), 11:56: "Nous non seulement permettons, mais exhortons vivement tous ceux qui recherchent la vraie religion à utiliser toute la raison que Dieu leur a donnée pour rechercher les choses de Dieu. Mais votre raisonnement juste, non seulement sur ce sujet, mais sur n'importe quel sujet, présuppose des jugements vrais déjà formés sur lesquels fonder votre argumentation. Sinon, vous savez que vous trébucherez à chaque pas, car *ex falso non sequitur verum* – il est impossible, si vos prémisses sont fausses, d'en déduire des conclusions vraies."

[9]Wesley citait souvent ce verset d'Hébreux 11:1. Il a servi à deux reprises de passage biblique principal dans ses sermons "On the Discoveries of Faith" (1788, sermon 117), *Works* (Bicentennial ed.), 4:29, and "On

Faith, Heb. 11:1" (1788, sermon 132), *Works* (Bicentennial ed.), 4:188.

[10]"An Earnest Appeal," §32, *Works* (Oxford ed.), 11:56–57.

[11]"To 'John Smith'," 28 September 1745, III.11, *Works* (Oxford ed.), 26:157.

CHAPITRE 10
EXPÉRIENCE, PARTIE 2:
TYPES D'EXPÉRIENCE

Wesley a abordé l'expérience de diverses manières: sociale et personnelle, physique et spirituelle. Ses discussions ont eu lieu bien avant que les sciences modernes et les sciences du comportement, comme la psychologie, la sociologie, l'anthropologie, etc., n'aient commencé à s'intéresser à l'expérience humaine. Ces sciences étaient encore balbutiantes, mais Wesley n'a pas bénéficié de leurs recherches. Il n'a pas non plus été confronté aux difficultés des interprétations réductionnistes de la vie humaine, de la culture et de la religion, qui les expliquaient par la science. Wesley aurait très probablement résisté à une telle pensée réductionniste, convaincu que la vérité de la vie et de la religion exigeait plus que l'expérience; elle exigeait l'Écriture, la tradition ecclésiastique et la raison.

Wesley a ouvert la voie, théologiquement parlant, en intégrant l'expérience dans le contexte de la détermination des croyances, des valeurs et des pratiques chrétiennes. Il utilisait parfois des termes comme expériences extérieures et intérieures. C'est un bon point de départ, quoique modeste, pour présenter la compréhension et l'appréciation que Wesley avait de l'expérience en tant qu'autorité religieuse. Je commencerai donc mon analyse des différents types d'expérience par cette distinction wesleyenne. J'aborderai également sa reconnaissance des limites de l'expérience. Bien que Wesley considérait l'expérience comme une véritable autorité religieuse, il savait qu'elle avait des limites, et que l'expérience restait donc secondaire, au même titre que la tradition et la raison, par rapport à l'autorité religieuse première des Écritures.

Expériences extérieures

Wesley a confirmé les arguments de la théologie naturelle classique concernant les preuves de l'existence de Dieu. Il croyait que les données empiriques fournissaient des preuves convaincantes de l'existence de Dieu. Par exemple, Wesley a fait appel à des variantes des arguments cosmologiques et téléologiques dans ses écrits. Dans *A Farther Appeal to Men of Reason and Religion,* il a suggéré des formes d'argumentation cosmologique en affirmant que l'existence de Dieu est démontrée par des preuves trouvées dans le monde et ses créatures.

Ailleurs, Wesley s'est exprimé avec audace au sujet de la révélation générale que nous avons de Dieu grâce à la connaissance issue des sens naturels. Il a fait appel à une variante de l'argument téléologique lorsqu'il a déclaré que "avec ses attributs ou perfections [de Dieu]; son éternité… — son omniprésence; son omnipotence… — sa sagesse, [sont] clairement déduits des choses visibles, de l'ordre harmonieux de l'univers".[1] L'ordre de l'univers – sa conception discernable – témoignait de l'existence de Dieu.

Wesley croyait également aux événements extraordinaires ou miraculeux comme preuves de la véracité du christianisme. Ces arguments sont des variantes de l'argument téléologique (c'est-à-dire l'argument du dessein), car ils renvoient à des données ou des expériences qui, selon Wesley, nécessitent une cause intelligente pour être expliquées. Par exemple, il considérait les miracles de Jésus – en particulier sa résurrection – comme des signes démonstratifs de sa messianité divine et de la dérivation surnaturelle des vérités qu'il proclamait.[2]

Tout en reconnaissant les miracles comme une autorité religieuse dans certains domaines, Wesley ne les acceptait pas au hasard pour tous les aspects de la foi et de la pratique chrétiennes. Il exigeait que les appels aux miracles soient soigneusement examinés et que leurs récits soient minutieusement étudiés, tout comme toute autre autorité religieuse doit être analysée rationnellement et expérimentalement. De tels événements extraordinaires doivent être évalués et corrélés à l'Écriture, à la tradition et à la raison, comme un système de contrôle épistémologique. Par exemple, lorsqu'on lui a demandé de présenter des preuves miraculeuses au nom de son ministère, Wesley a répondu:

> Que voulez-vous que nous prouvions par des miracles? Que les doctrines que nous prêchons sont vraies? Ce n'est pas ainsi que nous les prouverons. (Comme nos premiers Réformateurs répondaient à ceux de l'Église de Rome, qui, vous vous en souvenez sans doute, les pressaient continuellement de cette même exigence.) Nous prouvons les doctrines que nous prêchons par l'Écriture et la raison, et, si nécessaire, par l'Antiquité.[3]

Wesley a clairement indiqué que certains aspects de la croyance religieuse ne devaient pas être déterminés sur la base de miracles, et certainement pas sur la seule base de prétentions miraculeuses, tout comme Jésus a refusé d'accomplir des signes miraculeux devant les foules incrédules (Matthieu 12:38-41). Wesley a déclaré: "Il est donc totalement déraisonnable et absurde d'exiger ou d'attendre la preuve de miracles dans des questions ou d'un genre qui sont toujours résolues par des preuves d'une tout autre nature."[4]

Wesley reconnaissait la place des événements extraordinaires ou miraculeux dans la compréhension des croyances religieuses, mais ils servaient davantage à confirmer des vérités raisonnablement établies principalement par les Écritures. Néanmoins, la confirmation de telles expériences religieuses constituait un élément pertinent d'une méthodologie rigoureusement expérimentale et ne devait pas être négligée comme relevant uniquement d'une vision du monde ancienne et superstitieuse. Une méthodologie véritablement expérimentale ne rejettera pas avec dédain les récits de miracles simplement parce qu'ils heurtent les prédilections scientifiques modernes. Il convient plutôt de rester aussi objectif que possible en étant méthodologiquement ouvert à des investigations suffisamment complètes pour évaluer la fiabilité des prétendus miracles, passés et présents.

Expériences intérieures

Passons maintenant d'une connaissance plus empirique, observable et évaluable à une connaissance plus expérientielle, selon ma description de Wesley, qui a joué un rôle crucial dans sa compréhension expérimentale de la religion. La connaissance expérientielle comprend les expériences qui procurent une conscience ou une impression directe de Dieu, moins sujettes à l'observation et à l'évaluation. Ce type d'expérience – et plus spécifiquement l'expérience religieuse – procure à l'individu un sentiment de compréhension ou d'intuition qui s'évalue plus probablement par l'introspection, l'introspection ou des états de conscience privés, considérés comme instructifs par la personne et l'œuvre du Saint-Esprit.

Bien que de telles expériences requièrent la participation personnelle du connaisseur à des actes de compréhension, elles ne rendent pas nécessairement cette compréhension subjective. Elles ne doivent pas non plus être comprises de manière rationaliste comme des idées innées ou intuitives, ce que Wesley rejetait. Au contraire, les actes de compréhension exigent un certain degré d'implication personnelle dans le processus de connaissance; c'est un aspect contextuel de la connaissance humaine. Selon Wesley, les expériences religieuses ne sont ni arbitraires ni passives, mais un acte responsable de la part d'une personne, rendu possible par Dieu par la grâce prévenante. La connaissance issue d'une rencontre personnelle et expérientielle avec Dieu est objective au sens où elle établit un contact avec une réalité réelle, quoique cachée. Selon Wesley, la plénitude de la réalité de Dieu et de son salut est cachée à nos sens naturels, mais pas à nos sens spirituels. Ces sens ont été créés en nous par Dieu et peuvent maintenant être réactivés par sa grâce pour contrer la distorsion de ces sens spirituels, due à la finitude humaine et aux effets du péché. Grâce à la connaissance expérientielle acquise au contact de Dieu, le potentiel de découverte de perspectives religieuses futures – peut-être inconcevables pour nous aujourd'hui – est illimité. Une telle investigation spirituelle n'est ni une œuvre ni un mérite d'origine humaine; elle représente plutôt la coopération synergique des hommes avec la grâce prévenante de Dieu, rendue possible par la présence et l'œuvre permanentes du Saint-Esprit.

Plusieurs exemples pourraient être utilisés pour démontrer le rôle théologique de l'expérience. Nous en étudierons deux, particulièrement importants pour Wesley: la conversion et l'assurance du salut.

Conversion

Les conversions se produisent de multiples façons. Wesley était habitué à des conversions qui s'opéraient au fil du temps, généralement dans le cadre de l'Église. Mais la connaissance empirique des conversions instantanées des gens remettait en question sa compréhension théologique.

La connaissance expérientielle dominait Wesley, lui fournissant un éclairage précieux sur la compréhension religieuse. Par exemple, il discutait avec son père dans une lettre sur des questions de sainteté et affirmait que "l'expérience vaut mille arguments".[5] Avant même son expérience d'Aldersgate, Wesley exigeait plus que des preuves scripturaires pour ses doctrines, notamment celles relatives à l'instantanéité de la justification par la foi. Dans son *Journal,* Wesley décrit comment il en est venu à croire à la conversion instantanée. Il doutait que les conversions se produisent instantanément, même si l'Écriture semblait l'indiquer. Au début, Wesley s'accrocha à l'expérience comme défense contre l'Écriture, mais il ne put résister longtemps aux "témoins vivants de celle-ci".[6] Il rencontra des personnes qui avaient instantanément fait l'expérience du pardon et de l'assurance du salut. Il devint si convaincu de son incrédulité qu'il consacra totalement sa vie à Dieu et ressentit par la suite l'assurance réconfortante de sa présence bienveillante. Il pouvait enfin dire qu'un tel salut "est confirmé par votre expérience et la mienne".[7]

Ces références personnelles à l'expérience religieuse de Wesley illustrent son importance méthodologique à long terme en tant qu'autorité religieuse. Elles l'ont aidé à répondre aux besoins théologiques immédiats de sa vie personnelle et de son ministère auprès des autres. Sur le plan méthodologique, Wesley pensait qu'on ne pouvait dissocier la vérité spirituelle de la vérité expérientielle. Une expérience comprise superficiellement pouvait certes être trompeuse, mais Wesley pensait qu'une expérience véritablement comprise – avec l'aide d'autres autorités religieuses – confirmerait la vérité scripturale. En un sens, Wesley considérait toute vérité comme la vérité de Dieu, et il fallait donc être ouvert aux perspectives religieuses offertes par l'expérience.

Assurance du salut

Pour Wesley, la conversion était l'une des deux principales façons dont les croyants expérimentaient généralement une connaissance directe de Dieu, l'autre étant l'assurance du salut. Wesley a consacré sa vie à analyser et à définir l'ordre du salut (*ordo salutis*); plus d'une centaine d'expériences de conversion spécifiques sont décrites dans ses sermons, journaux et lettres.[8]

Dans ses recherches, Wesley a conclu qu'il existe une "variabilité irréconciliable dans l'action du Saint-Esprit sur l'âme des hommes".[9] De plus, comment rendre compte adéquatement des différences contextuelles entre les expériences de Dieu des individus, liées à des personnalités, des origines et des différences socioculturelles différentes? On ne peut pas devenir dogmatique dans l'interprétation de chaque détail d'une conversion religieuse, ou de toute expérience religieuse.

Wesley a souvent décrit l'assurance du salut comme le témoignage de l'Esprit. Parfois, ce témoignage survient simultanément à l'expérience religieuse de la conversion; parfois, il intervient plus tard. Wesley a abordé ce sujet spécifiquement dans deux sermons: "Le témoignage de l'Esprit, I" et "Le témoignage de l'Esprit, II". Il a décrit le témoignage du Saint-Esprit de Dieu comme suit:

> Mais quel est ce témoignage de l'Esprit de Dieu, qui s'ajoute et se conjugue à celui-ci [le témoignage de notre propre esprit]? Comment "témoigne-t-il à notre esprit que nous sommes enfants de Dieu"? Il est difficile de trouver des mots dans le langage humain pour expliquer "les profondeurs de Dieu". En effet, aucun ne saurait exprimer adéquatement ce que vivent les enfants de Dieu. Mais on pourrait peut-être dire (en demandant à ceux qui sont enseignés par Dieu de corriger, d'adoucir ou de renforcer cette expression): le témoignage de l'Esprit est une impression intérieure sur l'âme, par laquelle l'Esprit de Dieu témoigne directement à mon esprit que je suis enfant de Dieu; que Jésus-Christ m'a aimé et s'est donné pour moi; que tous

mes péchés sont effacés et que moi aussi, je suis réconcilié avec Dieu.[10]

Parallèlement à ce témoignage de l'Esprit, selon Wesley, l'esprit des chrétiens leur témoigne, par leur conscience, qu'ils ont été réconciliés avec Dieu par le salut offert par Jésus-Christ. Ils peuvent alors ressentir une conscience spirituelle, que Wesley décrit ainsi:

> Or, c'est là le témoignage de notre propre esprit, le témoignage de notre propre conscience, que Dieu nous a donné d'être saints de cœur et de vivre en apparence. C'est la conscience d'avoir reçu, dans et par l'Esprit d' adoption, les dispositions mentionnées dans la Parole de Dieu comme appartenant à ses enfants adoptifs; un cœur aimant envers Dieu et envers toute l'humanité; une confiance enfantine en Dieu notre Père, ne désirant rien d'autre que lui, déchargeant sur lui tous nos soucis et embrassant chaque enfant de l'homme d'une affection sincère et tendre: la conscience d'être intérieurement conformés, par l'Esprit de Dieu, à l'image de son Fils, et de marcher devant lui dans la justice, la miséricorde et la vérité, faisant ce qui lui est agréable[11]

Plus tard, Wesley a déclaré que les chrétiens "ne peuvent se satisfaire de rien de moins que d'un témoignage direct de son Esprit, qu'il est "miséricordieux envers leurs injustices et ne se souvient plus de leurs péchés et de leurs iniquités"".[12] Une telle expérience est le privilège de tous les croyants. Elle se produit avant "le témoignage de notre propre esprit", mais s'accompagne du "fruit de l'Esprit".[13] Le témoignage de notre propre esprit ou conscience, ainsi que le changement réel qui se produit dans nos vies – la manifestation du fruit de l'Esprit – fournissent une preuve supplémentaire de la réalité de

Dieu, de son salut et de toute sa vérité telle qu'elle nous est révélée par les Écritures.

Wesley conclut que les chrétiens font effectivement l'expérience directe du témoignage du Saint-Esprit, témoignage dont nous pouvons avoir une certitude consciente. Dans une lettre à Conyers Middleton, Wesley évoque avec assurance le sentiment de confirmation intérieure des vérités du christianisme. Il écrit:

> Je suis maintenant assuré que ces choses sont ainsi: je les ressens en moi-même. Ce que le christianisme (considéré comme une doctrine) promet s'accomplit dans mon âme. Et le christianisme, considéré comme un principe intérieur, est l' accomplissement de ces promesses. Il est sainteté et bonheur, image de Dieu imprimée dans l'esprit créé, source de paix et d'amour jaillissant jusqu'à la vie éternelle.[14]

Dans ce récit, Wesley fait référence à l'expérience au sens expérientiel et religieux du terme. Il s'agit d'une distinction avec le mysticisme – que Wesley critiquait – en ce sens que, dans ce témoignage de l'Esprit, on ne participe pas à un objet en soi, à savoir à une unité (ou union) indifférenciée avec l'être divin. Mais Wesley n'avait pas non plus une conception purement empirique de l'expérience, où les données se limiteraient à la connaissance obtenue ou confirmée par les sens naturels. Wesley voyait un lien entre les expériences spirituelles et physiques, et il s'intéressait à l'étude des deux. Mais en ce qui concerne le christianisme, Wesley s'intéressait particulièrement à la connaissance intérieure et spirituelle qui naît d'une relation personnelle avec Dieu – la religion du cœur, comme il la décrivait si souvent.

Limites de l'expérience

Outre ces deux expériences religieuses de conversion et le témoignage du Saint-Esprit, Wesley mentionna des visions, des rêves et d'autres expériences surnaturelles. Mais il demeurait prudent, presque sceptique, quant aux affirmations des gens, en raison du manque de soin apporté à l'interprétation de ces expériences et de la possibilité d'une cause humaine ou démoniaque, plutôt que divine.[15] Wesley répéta à plusieurs reprises que les chrétiens ne devaient pas se fier aux visions.[16] Il nourrissait une méfiance similaire à l'égard des rêves, tout en manifestant une fascination récurrente pour eux.[17]

Dans sa jeunesse, Wesley avait également été fasciné par les auteurs mystiques. Mais malgré certaines "excellences" qu'il percevait dans leurs écrits, Wesley y reconnaissait de nombreux défauts, si bien qu'il finit par rompre avec eux, comme dans le cas de William Law, et devint progressivement critique à l'égard de leur mysticisme.[18]

Questions de discussion

Bien que Wesley ait qualifié l'expérience d'autorité religieuse, dans quelle mesure les expériences ont-elles une influence sur votre vie? Dans quelle mesure pensez-vous que les chrétiens devraient considérer l'expérience comme une autorité?

Quelles expériences influencent vos croyances, vos valeurs et vos pratiques: votre contexte personnel (par exemple, votre personnalité, votre éducation)? Votre contexte familial? Votre appartenance religieuse? Votre origine ethnique? Votre sexe? Votre classe sociale? Votre langue? Votre nationalité? Comment votre conscience de ces influences favorise-t-elle (ou entrave-t-elle) votre compréhension théologique?

La distinction de Wesley entre expériences extérieures et intérieures est-elle utile? Quels exemples de connaissances religieuses peuvent s'appliquer à l'expérience extérieure: l'existence de Dieu? La fiabilité des Écritures?

Quels exemples de connaissances religieuses peuvent s'appliquer à l'expérience intérieure: des expériences de conversion? Des expériences d'assurance du salut? Comment avez-vous vécu votre conversion ou l'assurance du salut?

Comment les chrétiens devraient-ils considérer les récits de miracles, de visions et d'autres expériences surnaturelles? En les évaluant, comment les Écritures, la tradition ecclésiastique et la raison vous aident-elles à discerner leur fiabilité?

En considérant l'autorité religieuse de l'expérience, dans quelle mesure les chrétiens sont-ils cohérents (ou incohérents) entre leurs déclarations théoriques et leur pratique? Comment peuvent-ils devenir plus cohérents, et donc moins hypocrites?

Notes

[1] "Upon our Lord's Sermon on the Mount, VI" (1748, sermon 26), III.7, *Works* (Bicentennial ed.), 1:580–81.

[2] See "The Signs of the Times" (1787, sermon 66), I.4, *Works* (Bicentennial ed.), 2: 524.31. "A Clear and Concise Demonstration of the Divine Inspiration of the Holy Scriptures," *Works* (Jackson ed.), 11:484.

[3] "A Farther Appeal, III," III.28, *Works* (Oxford ed.), 11:310.

[4] "A Farther Appeal, III," III.28, *Works* (Oxford ed.), 11:310.

[5] "To the Revd. Samuel Wesley, Sen.," 10 December1734, §15, *Works* (Oxford ed.), 25:403.

[6] *Journal* (Curnock ed.), 1:471–72, 24 May 1738.

[7] "The Witness of the Spirit, II" (1767, sermon 11), III.6, *Works* (Bicentennial ed.), 1:290.

[8] Par exemple, voir la discussion de Wesley sur l'ordre du salut telle qu'elle est contenue dans les *Notes upon the New Testament*, Rom. 6:18; "On Predestination" (1773, sermon 58), §16, *Works* (Bicentennial ed.), 2:421; and especially "The Scripture Way of Salvation" (1765, sermon 43), *Works* (Bicentennial ed.), 2:155–69.

[9] Wesley: cité par Umphrey Lee, *John Wesley and Modern Religion* (Nashville: Cokesbury, 1936), 277.

[10] "The Witness of the Spirit, I" (1746, sermon 10), 1.7, *Works* (Bicentennial ed.), 1:274.

[11] "The Witness of the Spirit, I" (1746, sermon 10), 1.6, *Works* (Bicentennial ed.), 1:273–74.

[12] "The Witness of the Spirit, II" (1767, sermon 11), III.7, *Works* (Bicentennial ed.), 1:291.

[13]Voir "The Witness of the Spirit, I" (1746, sermon 10), 1.6–7, *Works* (Bicentennial ed.), 1:273, and "The Witness of the Spirit, II" (1767, sermon 11), III.5, V.3, *Works* (Bicentennial ed.), 3:289–90, 297–98.

[14]"To Dr. Conyers Middleton," 4 January 1749, II.12, *Letters* (Telford ed.), 2:383.

[15] Par exemple, voir "The Witness of the Spirit, I" (1746, sermon 10), §1, *Works* (Bicentennial ed.), 1:269.

[16]See *Journal* (Curnock ed.), 4:359–60, 25 November 1759, and "Minutes of Some Late Conversations," Q.16, *Works* (Jackson ed.), 8:284.

[17]Lee, *John Wesley and Modern Religion*, 277: "D'un côté, Wesley se méfiait des rêves, des visions et des expériences les plus exotiques, et il mettait ses disciples en garde contre elles. Mais il manifestait un intérêt inhabituel pour ces questions, même lorsqu'il exprimait des jugements prudents à leur sujet. En effet, sa doctrine selon laquelle Dieu s'exprime dans les moindres détails de la vie, soutenant non seulement l'Univers mais veillant aussi sur les moindres choses concernant ses enfants, le rendait disposé à écouter au moins n'importe quelle histoire, aussi improbable soit-elle. Wesley entretenait certainement un sens de l'émerveillement, et c'est sans doute ce qui fut à l'origine de nombreux excès parmi les premiers méthodistes."

[18]Par exemple, voir "To Mary Bishop," 19 September 1773, *Letters* (Telford ed.), 6:43–44.

CONCLUSION
QUE DEVONS-NOUS FAIRE ALORS?

Dans Luc 3:10, des pénitents demandaient à Jean-Baptiste: "Que devons-nous donc faire?" Pour Wesley, il ne suffisait pas d'affirmer la théorie chrétienne juste (croyances et valeurs). Il était également important de mettre en pratique ces croyances et ces valeurs par des applications qui démontraient l'amour pour Dieu, pour soi-même et pour son prochain, individuellement et collectivement. Bien sûr, Wesley affirmait l'importance du commandement d'aimer Dieu et son prochain, et il pensait que la principale ressource que Dieu nous a donnée pour comprendre ce commandement était l'Écriture. Reflétant son origine anglicane, Wesley affirmait également les autorités religieuses authentiques, quoique secondaires, de la tradition et de la raison. À ces autorités religieuses, Wesley ajoutait l'expérience. Ce faisant, il ne pensait pas innover; il pensait simplement reconnaître ce que les chrétiens avaient toujours fait. En incluant l'expérience, Wesley démontrait une préoccupation croissante des gens en général, et des chrétiens en particulier, pour inclure tous les aspects du contexte des individus, qui influençaient leurs croyances, leurs valeurs et leurs pratiques. Son intégration de l'expérience en tant qu'autorité religieuse représente l'une des plus grandes contributions de Wesley au développement théologique du christianisme historique.

Wesley a su concilier de nombreuses dimensions de la vie humaine et de la religion, ce que peu de personnes dans l'histoire de l'Église ont su faire. William Abraham décrit avec brio sa capacité à intégrer diverses paires disjonctives, généralement dissociées et exprimées de manière isolée. Abraham dit:

> Considérez les paires disjonctives suivantes: foi, œuvres; dévotions personnelles, pratique sacramentelle; piété personnelle, préoccupation sociale; justification, sanctification; évangélisation, éducation chrétienne; Bible, tradition; révélation, raison; engagement, civilité; création, rédemption; groupe de cellule, église institutionnelle; scène locale, paroisse mondiale.[1]

En décrivant cet équilibre entre les paires disjonctives dans la théologie et le ministère de Wesley, permettez-moi de résumer comment il a fait progresser le christianisme à son époque. Il sera alors plus facile de comprendre la pertinence de Wesley pour les chrétiens d'aujourd'hui, face à la question: que devons-nous donc faire?

Résumé du quadrilatère wesleyen

Le XVIIIe siècle a marqué un tournant dans l'histoire intellectuelle occidentale. À l'époque naissante des Lumières, Wesley a répondu au besoin des chrétiens d'affirmer l'Écriture et l'orthodoxie classique. Il a eu le privilège et le fardeau de vivre à une époque de transition où les chrétiens devaient réaffirmer leurs croyances et leurs expériences de vie en Jésus-Christ. Plutôt que de revenir à la seule Écriture ou aux credo et confessions de l'Église antique, Wesley a repensé le christianisme historique à la lumière des préoccupations et des réflexions contemporaines. Le résultat de son travail théologique impliquait davantage une approche du christianisme qu'un système complet. Mais son approche a connu un succès au XVIIIe siècle, tant en termes de méthode théologique que de renouveau spirituel. Parce que Wesley a refusé de laisser des philosophies ou des systèmes théologiques particuliers dicter sa pensée, ses écrits continuent d'offrir des éclairages à ceux qui souhaitent aborder l'Écriture et l'orthodoxie classique de la manière la plus pertinente et la plus convaincante possible.

Tout au long de ses écrits, Wesley était conscient de l'œuvre immanente du Saint-Esprit dans la vie des hommes et dans la théologie. Les questions d'autorité étaient vivantes et dynamiques en raison de la présence et de l'autorité ultime du Saint-Esprit dans la vie et la théologie du croyant. Conscient de la nécessité d'une direction divine dans la théologie, Wesley abordait l'Écriture, la tradition, la raison et l'expérience comme des autorités religieuses interdépendantes. Bien qu'elles ne s'inscrivent pas dans un système théologique précis, elles s'articulaient autour d'une approche méthodologique cohérente, répondant aux besoins théologiques et ministériels de son époque.

Face à la montée des critiques bibliques de la part des déistes, Wesley affirmait l'inspiration et l'autorité religieuse primordiale des Écritures, authentifiées par le témoignage intérieur du Saint-Esprit. Il affirmait l'autorité et la fiabilité des Écritures sans réagir catégoriquement aux critiques contemporaines. Il cherchait plutôt à dialoguer avec eux. Il s'efforçait de comprendre, d'apprécier et d'utiliser le meilleur de leurs œuvres sans porter atteinte au message du salut évangélique.

L'autorité et la fiabilité des Écritures sont restées intactes, même si Wesley a reconnu la nécessité croissante de leur étude critique. Ses appels à la tradition, à la raison et à l'expérience contribuent à compléter une herméneutique plus sophistiquée qui commence et se termine avec les Écritures.

Wesley a démontré une connaissance approfondie du christianisme historique, tant oriental qu'occidental, que peu de ses contemporains partageaient. Il considérait l'orthodoxie classique comme une source d'autorité religieuse complétant véritablement notre connaissance des vérités bibliques. La *Sola Scriptura* demeure suffisante pour le salut. Mais la tradition chrétienne constitue une ressource complémentaire pour les besoins théologiques et pastorales des chrétiens contemporains.

Wesley ne limita pas sa théologie et son ministère à la seule tradition protestante. Au contraire, il s'appropria librement les connaissances des traditions catholique, orthodoxe et autres traditions chrétiennes. Ces traditions offraient des éclairages précieux pour distiller le contenu et la vitalité d'une religion authentique et spirituelle. Son esprit catholique envers diverses traditions le rendit suspect auprès de nombre de ses contemporains et de certains chrétiens d'aujourd'hui. Mais son approche inclusive et universelle continue de rendre sa théologie plus pertinente et plus efficace à notre époque.

L'appel à la raison comme véritable autorité religieuse était bien établi dans la pensée anglicane avant l'époque de Wesley. Wesley ne voyait aucune raison de craindre l'usage de la raison et la discipline de la logique. Il affirmait la croyance populaire dans le caractère raisonnable du christianisme. Wesley ne s'attendait pas à ce que la raison réfute quoi que ce soit dans les Écritures, et il n'hésitait donc pas à la considérer comme une garantie de la foi chrétienne.

Cependant, Wesley n'utilisait pas la raison sans esprit critique et ne sympathisait pas avec les systèmes théologiques fortement influencés par les méthodologies rationalistes. Il considérait que la raison avait des limites, notamment dans son pouvoir épistémologique. Or, la raison sert d'outil critique pour réfléchir à la théologie et à la vie chrétienne; notre foi doit donc être compatible avec la raison ou la logique. Le contenu de notre foi ne commence pas par la raison; il confirme et complète les pensées et les expériences des chrétiens. Ainsi, Wesley affirmait que la raison était un élément essentiel de son approche méthodologique de la théologie.

Les appels de Wesley à l'expérience constituent sa contribution la plus connue, mais aussi la plus controversée, à la recherche théologique. La dimension expérientielle, ou expérimentale, de sa théologie concernait principalement l'expérience du Saint-Esprit de Dieu dans la vie des croyants. Les chrétiens ont le privilège de faire l'expérience du pardon, de l'amour et de la présence divine. Les expériences ultérieures de changement de vie et d'attitude représentent des assurances de salut.

Mais la confiance de Wesley dans l'expérience dépassait l'expérience immédiate du divin. Il ne faisait pas de distinction entre les expériences de la réalité objective de Dieu et les expériences concomitantes de sentiments, d'émotions et de pensées subjectifs. Il se permettait donc de faire appel à des expériences empiriquement observables afin de confirmer, d'illustrer et parfois d'affiner les croyances chrétiennes. Bien que, pour Wesley, l'expérience n'ait jamais été la source de la doctrine, elle jouait un rôle indéniable dans la discipline théologique.

En introduisant l'expérience comme source d'autorité religieuse, Wesley ne se voyait pas innover dans l'histoire de la pensée chrétienne. Il considérait l'expérience comme un aspect évident et essentiel de la véritable religion scripturaire. Mais il l'incluait explicitement, alors qu'auparavant elle n'était qu'une composante tacite des démarches théologiques. En affirmant l'expérience comme une véritable autorité religieuse, il anticipait un tournant fondamental dans le développement de la méthode théologique. Contrairement à Wesley, de nombreux théologiens qui lui succédèrent furent incapables de mettre l'expérience en tension avec l'Écriture et l'orthodoxie classique.

L'interaction entre ces différentes autorités religieuses est connue sous le nom de quadrilatère wesleyen. Ce terme désigne davantage leur interdépendance qu'une définition précise et détaillée de la conception wesleyenne de l'autorité religieuse et de la méthode théologique. Cependant, le quadrilatère constitue un modèle utile pour comprendre la complexité et la dynamique de l'approche wesleyenne de la théologie.

Ironiquement, la méthode théologique de Wesley a parfois été mieux comprise et appréciée en dehors des traditions méthodistes qu'au sein de celles-ci. La catholicité de sa pensée a particulièrement séduit les chrétiens contemporains qui souhaitent aborder leur herméneutique et leur théologie d'une manière qui transcende les formulations non contextuelles du christianisme. L'Écriture seule, la tradition seule, la raison seule ou l'expérience seule ne satisfont pas aux exigences contextuelles permettant de comprendre l'exhaustivité et la pertinence de la foi chrétienne. Même la combinaison de deux ou trois de ces composantes ne répond pas au besoin d'un traitement plus catholique ou universel du contenu et de la vitalité du christianisme. Le modèle du quadrilatère wesleyen vise à satisfaire le besoin d'une plus grande catholicité et d'une plus grande vitalité spirituelle dans la théologie chrétienne.

Le quadrilatère wesleyen n'est pas un modèle ou un paradigme parfait. Peu de modèles ou de paradigmes le sont. Mais il permet de répondre à certaines des questions complexes d'autorité religieuse et de méthode théologique auxquelles les chrétiens ont été confrontés tout au long de l'histoire de l'Église. Rappelons que le quadrilatère sert davantage d'outil heuristique ou d'indice permettant de développer une ouverture d'esprit, une sophistication et une efficacité accrues dans la mise en pratique de ses croyances, de ses valeurs et de ses pratiques. Le quadrilatère n'est pas si important en soi; plutôt que d'être une fin en soi, il sert davantage de moyen de progresser dans la compréhension religieuse, ainsi que dans la foi, l'espérance et l'amour de Dieu, de soi-même et des autres – spirituellement et physiquement, individuellement et collectivement.

Préserver et progresser

Comme nous l'avons vu, Wesley ne se considérait pas comme un innovateur de la méthode théologique. Il se considérait comme théologiquement orthodoxe, préservant la tradition classique du christianisme. C'était à tel point que, dans un sermon, il déclara: "Toute doctrine nouvelle est forcément fausse; car l'ancienne religion est la seule vraie; et aucune doctrine ne peut être juste si elle n'est pas la même "qui était dès le commencement"."[2] Ainsi, Wesley peut être considéré à la fois comme un préservateur du christianisme historique et biblique, tout en progressant dans les voies nécessaires à la promotion de la spiritualité vitale du christianisme.

Plus précisément, Wesley se sentait parfaitement intégré dans la tradition protestante et, plus particulièrement, anglicane. Bien qu'il cherchât à renouveler spirituellement et moralement l'anglicanisme et l'ensemble de la Grande-Bretagne, il conserva son conservatisme théologique en raison de son refus de se lancer dans des extrêmes en matière d'expérience religieuse.

S'inscrivant dans la tradition anglicane, Wesley considérait que sa théologie et son ministère reflétaient le meilleur de la tradition ecclésiale, en particulier de l'Église de l'Antiquité chrétienne. La tradition contient l'expérience vécue d'innombrables générations de chrétiens et transmet ainsi à la fois les doctrines et les récits de la vie des chrétiens et des communautés ecclésiales. Ces éléments, ainsi que les Écritures, fournissent la mesure à partir de laquelle modeler les croyances et les pratiques chrétiennes actuelles. La tradition nous aide également à interpréter les passages problématiques du texte biblique et à nous protéger des applications extrêmes ou malsaines de la foi.

La raison jouait un rôle essentiel dans la tradition anglicane, en tant que médiatrice entre des méthodes théologiques concurrentes, faisant principalement appel soit à la tradition ecclésiastique, soit à l'Écriture. En tant que médiatrice, la raison servait à intégrer l'Écriture et la tradition dans une compréhension plus holistique et pertinente de la foi chrétienne. Wesley approuvait cette orientation du christianisme, la jugeant raisonnable et crédible à l'époque de plus en plus laïque des Lumières. Au sein de cette tradition anglicane, il ressentait l'appel ministériel à œuvrer à la préservation ou au renouvellement de ce noyau spirituel vital de piété qui caractérisait l'essence du christianisme à travers les âges.

L'appel à l'expérience, au sens large, s'inscrivait logiquement dans la vision théologique et pastorale du monde de Wesley. D'une part, il semblait évident de faire explicitement appel à l'expérience chrétienne historique du salut: la nouvelle naissance par la repentance et la justification, la présence du Saint-Esprit et le fait perceptible d'une vie sanctifiée. D'autre part, Wesley a intentionnellement inclus l'expérience dans sa méthode théologique afin d'empêcher les chrétiens, et en particulier les méthodistes, de succomber à la religion rationaliste et formaliste récurrente qui étouffait la vitalité du Saint-Esprit dans la vie du croyant. Par-dessus tout, Wesley a cherché à proposer une vision médiatrice du christianisme, évitant les extrêmes de l'enthousiasme mystique (y compris l'antinomisme) d'un côté, et de l'orthodoxie morte qui supprime la véritable religion du cœur de l'autre. Ainsi, Wesley a progressé au-delà des tendances abrutissantes des chrétiens qui ignoraient – à leur détriment doctrinal – la nécessité d'intégrer l'autorité religieuse de l'expérience.

Réflexions finales

En recherchant cette réalité holistique de la foi religieuse, l'accent mis par Wesley sur l'expérience a inauguré une nouvelle ère dans la méthode théologique. Bien qu'il n'ait peut-être pas saisi toutes les implications de sa méthodologie, il a modifié et enrichi les catégories permettant d'aborder la tâche théologique. À l'instar du piétisme en Europe continentale, Wesley reconnaissait qu'aucune théologie ne devait être catégorisée ou systématisée d'une manière qui négligerait la dimension authentifiante et vivifiante que l'expérience religieuse apporte à une compréhension spirituellement sensible de la doctrine et de la vie chrétienne. L'importance des expériences religieuses des croyants ne pouvait plus être tacitement présumée pour l'individu ou pour la méthode théologique. Parce que sa propre conscience théologique avait évolué, Wesley a contextuellement introduit l'expérience dans le domaine de la méthode théologique, dans la conscience de l'Angleterre du XVIIIe siècle et des théologiens futurs.

Ce faisant, Wesley anticipa l'importance accordée à l'expérience au XIXe siècle, sans toutefois en faire le fondement ni, à terme, la principale source d'autorité religieuse de la théologie chrétienne. Bien sûr, il n'eut pas d'influence directe sur le développement de la pensée protestante libérale, car Wesley était trop orthodoxe – trop biblique – pour opérer un tel changement. Mais historiens et théologiens, selon les termes d'Umphrey Lee, "reconnaissent depuis longtemps que Wesley et le méthodisme, pris dans son sens le plus large, ont contribué à la rupture de l'ancienne orthodoxie et du rationalisme du XVIIIe siècle".[3] D'autres, comme George Cell, affirment que personne plus que Wesley n'a fait peser le facteur subjectif et contextuel sur l'interprétation des Écritures et la formulation de la pensée chrétienne.[4]

L'œuvre de Wesley demeure pertinente car, d'une part, il a cherché à préserver un noyau de croyances, de valeurs et de pratiques bibliques, historiquement conçu et spirituellement vital. D'autre part, Wesley n'a pas craint d'introduire des autorités religieuses extrabibliques, interdépendantes et contextuelles pour tenter de discerner la véritable religion, celle scripturaire et expérimentale.

Questions de discussion

Réfléchissez à la question: "Que devrions-nous donc faire?" Comment le quadrilatère wesleyen vous incite-t-il à penser différemment? Comment vous incite-t-il à agir différemment?

Dans quelle mesure est-il important pour les chrétiens de considérer l'autorité religieuse au-delà des Écritures? De nouveau, en quoi est-il utile de prendre en compte la tradition ecclésiale, la pensée critique et l'expérience pertinente dans la prise de décision théologique?

Selon Wesley, pourquoi est-il important pour les chrétiens d'affirmer que l'Écriture est leur principale autorité religieuse? Quels défis se posent lorsque l'Écriture, en théorie comme en pratique, cesse d'être leur principale autorité religieuse?

Pourquoi peut-il être plus important de maintenir une approche cohérente (ou une méthode théologique) de ses croyances, valeurs et pratiques chrétiennes, plutôt que d'affirmer une théologie systématique ou un dogme d'église?

Pourquoi est-il important de prendre en compte le contexte (ou la situation) de ses décisions chrétiennes? Comment cela vous aide-t-il à acquérir une meilleure compréhension de vous-même? Comment cela vous aide-t-il à comprendre et à apprécier les croyances, les valeurs et les pratiques des autres?

Comment le quadrilatère wesleyen peut-il vous être utile aujourd'hui pour répondre à vos questions ou préoccupations immédiates? Comment peut-il vous être utile dans votre façon de vivre et de penser en tant que chrétien?

Notes

[1]William J. Abraham, *The Coming Great Revival* (San Francisco: Harper & Row, 1984), 67.

[2]"On Sin in Believers" (1763, sermon 13), III.9, *Works* (Bicentennial ed.), 1:324.

[3]Umphrey Lee, *John Wesley and Modern Religion* (Nashville: Cokesbury, 1936), 301.

[4]Cf. George C. Cell, *Rediscovery of John Wesley* (New York: Henry Holt, 1935), 72–73.

www.ingramcontent.com/pod-product-compliance
Lightning Source LLC
Chambersburg PA
CBHW051832090426
42736CB00011B/1768